I0842395

X. Fonteneau

Les années d'un enseignant ne s'écoulent pas toujours comme un long fleuve tranquille

Essai

SOMMAIRE

Enseigner c'est transmettre une connaissance, des compétences, une expérience. Rien ne semble compliqué : il suffirait d'avoir acquis le savoir dans un domaine ou d'avoir pratiqué une activité, de façon approfondie toutefois, pour être en mesure d'instruire tout un groupe d'élèves. Or ce n'est pas cela. Ou pas seulement. Si c'était le cas, un large public pourrait exercer le métier. Non, d'autres aptitudes sont nécessaires. Et malgré tout, le résultat n'est jamais garanti face à une classe. Quoiqu'au pire, quand ça n'a pas marché, quand un valeureux professeur s'est arraché les cheveux devant des élèves qui n'ont rien retenu de ce qu'il leur a rabâché durant des jours ou des semaines, on peut se dire, en pensant à la formule souvent attribuée à Edouard Herriot, mais qui n'est pas de lui, qu'il leur restera au moins la culture après avoir tout oublié. Ainsi, le monde est rassuré et tous les écoliers, les collégiens, les lycéens pourront devenir des adultes !

On ne se dirige donc pas vers le métier de prof par simple hasard. Pourtant, je me suis demandé si dans mon cas il n'était pas un peu présent.

Autour d'une réflexion sur les raisons qui ont pu m'amener à cette fonction, d'ailleurs assez peu conformes aux habitudes, mais aussi à travers ce que j'ai vécu avec les classes que l'on m'a confiées et ce que j'ai pu observer auprès de mes collègues, j'ai eu envie de décrire le système éducatif tel qu'on ne le voit pas forcément de l'extérieur, de commenter son fonctionnement, de comprendre à mon modeste niveau pourquoi il est parfois en panne et d'imaginer quelques solutions. De quoi peut-être en faire réagir et même bondir certains dans cette immense communauté.

Chapitre 1er

« Toi, tu n'es pas un vrai prof ! » me dit soudain mon amie Sylvie le soir du 31 décembre pendant que nous roulions sur l'autoroute pour nous rendre chez Jean-François, un ancien collègue, prof de maths, qui enseigne dans un lycée public où j'ai exercé durant trois années. Elle ne l'avait jamais rencontré mais nous avions parlé maintes fois de lui. Elle me pose toujours des questions sur les gens que je fréquente. Elle avait fait quelques recherches sur Internet et avait obtenu seulement une ou deux photos où il était en randonnée dans les Alpes. Elle ne le trouvait pas déplaisant.

Pour cette soirée de réveillon en petit comité, il avait invité aussi un autre enseignant, professeur de philo, en poste depuis septembre dans son lycée. Je ne le connaissais donc pas encore. Sans nul doute, nous n'allions pas parler de notre métier, ou si peu, ni entrer dans de grands débats. Il y a d'autres moments pour ces discussions et la compagne de Jean-François, qui travaille dans le secteur du cosmétique, souhaitait sûrement entendre autre chose que les problèmes de l'Education Nationale ou nos histoires de salle de classe que nous sommes les seuls à trouver drôles.

Avant de partir, Sylvie avait fait soi-disant une petite révision sur Platon et Nietzsche de façon à ne pas passer pour une inculte devant cet autre convive. Mais elle plaisantait, je pense. C'est tout à fait son style. Elle a naturellement ce qu'il faut pour se fondre dans n'importe quelle conversation sans devoir se montrer érudite.

Puis elle ajouta : « Oui, tu n'es pas un vrai prof parce que tu as eu une autre vie avant d'enseigner, tu as fait autre chose. Tu es arrivé là mais ce n'était pas ta voie. Tu es différent. Avec toi, je suis à l'aise. Je peux tout dire sans que tu te permettes de juger. Tu entres dans mes jeux, dans mes rires. Tu échanges avec tout le monde. ». Voulait-elle dire que les "vrais" profs sont trop sérieux, trop rigides, trop austères ? Certains le sont, mais pas tous. Loin de là. C'est bien sûr une profession où l'on doit savoir garder des distances, ce qui dépasse parfois le cadre scolaire. Où l'on veut aussi le mélange social sans toujours chercher pour autant à se mélanger. Ceci n'est nullement un reproche. C'est d'ailleurs une catégorie socioprofessionnelle que j'appréciais, déjà avant d'être prof. Puis connaissez-vous quelqu'un qui a un comportement parfaitement conforme aux principes ou aux idées qu'il défend ?

Pourtant, Sylvie n'avait rien à craindre de ces gens qu'elle n'allait pas tarder à découvrir : ce milieu ne lui est pas étranger puisqu'elle est elle-même fonctionnaire de cette grande maison. Elle travaille plus exactement à l'université et elle n'a cessé de côtoyer depuis plus de vingt ans des enseignants, autant dans sa vie professionnelle que dans sa vie privée. Mais elle est de nature anxieuse et a toujours peur d'affronter ceux qu'elle ne connaît pas encore.

Finalement, un ou deux verres de vin ont suffi pour qu'elle se détende.

L'enseignement est en effet une deuxième vie pour moi. Mais pas complètement quand-même. C'en est une dans le sens où un matin, ce fut le départ vers un nouveau métier. Néanmoins un métier dans lequel j'allais exploiter ce que je savais déjà. De toute façon, je doute qu'il existe des situations où l'on fait un jour une coupure pour partir le lendemain dans un domaine qui n'a strictement aucun lien avec ce que l'on a vécu jusque là. Ou c'est très rare. Il y a toujours un enchaînement, si minime soit-il, une suite logique, un savoir réutilisé, des compétences recyclées. D'une expérience, tout peut resservir un jour. C'est évident. D'ailleurs, je préfère parler d'une nouvelle activité. Le mot donne une impression d'ouverture, alors qu'un métier c'est beaucoup plus cloisonné. D'autant qu'une expérience n'est pas seulement professionnelle. Elle se construit à tout moment : en famille, durant les loisirs, à travers les embûches, les succès, et plus elle est diverses, plus elle est riche. C'est mon expérience, assez diverse je crois, sans qu'elle soit immense, et ne voulant pas la laisser se perdre au fond de moi, que j'avais envie de valoriser par l'enseignement, envie d'apporter à d'autres. Il arrive d'être trop idéaliste !

Toutefois, mon entrée dans le public n'a pas été immédiate. J'ai d'abord pratiqué dans le privé, et le pire du privé comme le prétendent certains, pas moi, ou pas moi systématiquement, c'est à dire le privé hors contrat, celui qui n'est pas rattaché aux instances rectorales, pas aidé par l'Etat, même si les diplômes préparés sont, pour la plupart, les diplômes officiels avec les épreuves corrigées par les gens du public. Ces écoles hors contrat, c'est ainsi qu'on les nomme par opposition aux écoles privées sous contrat d'association avec l'Etat, sont il est vrai l'envers d'un système éducatif pour tous, puisque ce sont essentiellement des entreprises, du moins pour les formations post-bac, dont la finalité est bien entendu le profit, avec des tarifs par année scolaire qui peuvent avoisiner l'équivalent d'un demi smic annuel, payés par les familles ou par les jeunes à l'aide d'un prêt étudiant, sauf pour les diplômes préparés en alternance avec le monde du travail, où ce sont des cotisations obligatoires versées par tous les employeurs auprès d'un organisme collecteur qui financent les cours. On rencontre dans ces écoles des jeunes qui ont épuisé toutes les autres solutions pour étudier, mais pas seulement puisqu'il s'agit parfois d'un choix, surtout pour les formations en alternance avec un emploi.

Ainsi, il existe deux types d'écoles privées : les unes soutenues et contrôlées par l'Etat depuis la loi Debré de 1959, dites sous contrat, où l'enseignement débute à la maternelle et peut atteindre deux années après le bac, avec des tarifs plus ou moins abordables sans recherche de profit, un nombre de places limité et des conditions d'entrée souvent sélectives ; les autres, complètement autonomes bien que surveillées, avec des tarifs élevés, dites hors contrat. Pour l'enseignement supérieur, il faut aussi faire la distinction entre les écoles privées et une autre catégorie d'écoles très chères mais apparentées au public, comme celles qui dépendent d'une chambre de commerce et d'industrie. Elles ont souvent le titre de grande école.

Dans notre système éducatif, on peut vite se perdre !

Les écoles privées sous contrat ont d'ailleurs failli disparaître après l'élection de François Mitterrand en 1981. Dans son programme, celui qui ôta le pouvoir à la droite avait proposé de les intégrer dans un grand service public laïc de l'éducation. Mais en 1984, lorsque la loi fut sur le point d'être votée, il dut renoncer sous la pression d'une contestation sans précédent qui réclamait le maintien de la pluralité éducative, un retournement qui, en partie, entraîna la chute du gouvernement. Lui qui fit toute sa scolarité dans l'enseignement privé catholique n'était paraît-il pas très attaché à cette mesure phare voulue par les partis qui avaient soutenu sa candidature.

Ces écoles, celles donc de la loi Debré, choisies autrefois par convictions religieuses, sont toujours là, apportant plutôt aujourd'hui une solution à des parents qui souhaitent éviter l'école publique de secteur, principalement parce qu'ils la jugent moins bonne. C'est leur vision.

C'est dans plusieurs écoles hors contrat, ces entreprises spécialisées dans la formation, que j'ai pu intervenir au départ, pour du diplôme bac+2. J'ai pris les missions que l'on m'a confiées sans trop chercher à savoir si j'allais continuer longtemps dans cette voie. Ma principale crainte était de ne pouvoir gérer un groupe de trente élèves ou plus. Je n'avais jamais été extrêmement à l'aise pour m'exprimer devant une assemblée. Mais finalement, malgré quelques difficultés, quelques situations imprévues, je ne me suis pas trop mal débrouillé. Il suffit de se lancer, après avoir correctement préparé son cours, et le reste vient quasiment tout seul. J'ai eu au départ des petits groupes, ça s'est présenté ainsi, ce qui m'a facilité la tâche, pour avoir ensuite des effectifs plus importants. Les résultats aux examens étaient satisfaisants. C'était encourageant.

Puis un jour, presque deux ans plus tard, une porte plus grande s'est ouverte devant moi : un lycée public s'intéressait à mon profil suite à mon envoi d'un curriculum vitae au Rectorat. Pour autant, rien n'était gagné : l'enseignement public est une noble institution qui n'accorde pas un visa d'entrée à tous ceux qui voudraient la rejoindre. Pour être professeur contractuel, c'est ainsi que l'on désigne les enseignants qui ne sont pas fonctionnaires, il faut démontrer que l'on dispose de toutes les aptitudes nécessaires, même pour une durée parfois très courte quand il s'agit de remplacer une personne en congé maladie. J'avais visiblement ces aptitudes, ce qui permit mon recrutement.

Ils avaient besoin de moi pour assurer un service durant toute une année scolaire suite à la mutation d'un professeur. Mais n'étant pas titulaire de la fonction publique, c'est à dire pas fonctionnaire, je n'avais aucune garantie d'être reconduit l'année suivante. Ce n'était qu'un contrat à durée déterminée. Qui plus est, je venais enseigner une option qui disparaissait du lycée l'année suivante. C'est d'ailleurs pour cette raison que le titulaire muté n'avait pas été remplacé par un autre titulaire. Je n'allais donc pas mener une longue carrière dans ce lycée. L'appel à des contractuels est dans la fonction publique une façon de gérer les ressources humaines avec plus de souplesse... ou d'éviter d'engager des fonctionnaires, diront les syndicats. Par contre, il ne faut pas confondre le statut de contractuel avec celui de vacataire, une autre forme d'emploi qui n'existe plus pour les enseignants depuis 2016.

L'Education Nationale peut ensuite, à l'issue d'une première affectation, proposer une nouvelle mission au contractuel n'importe où dans l'académie, toujours à durée déterminée, ou des missions simultanées dans deux établissements différents, parfois éloignés, ou même trois mais c'est plus rare. Elle tient quand même plus ou moins compte des vœux formulés dans le cadre d'un mouvement des contractuels où chacun, presque en fin d'année, avec l'espoir d'être repris, demande un secteur géographique pour l'année suivante, en général pas trop loin de son domicile. Les titulaires sont prioritaires pour occuper les postes vacants. On ne peut pas leur reprocher puisqu'ils ont réussi un concours bien plus exigeant qu'un simple recrutement. Le contractuel obtient alors un poste, soit pour un besoin ponctuel, par exemple après un dédoublement de classe qui ne sera peut-être que provisoire ou parce qu'il manque tout simplement un titulaire dans l'effectif, soit pour remplacer un titulaire indisponible. Dans le premier cas, c'est pour l'année complète, alors que pour un remplacement, c'est pour une durée plus courte. Un contractuel, tant qu'il n'est pas à durée indéterminée, c'est à dire tant qu'il n'a pas enseigné pendant au moins six ans, peut refuser une proposition qui ne lui convient pas et en attendre une autre, sans savoir évidemment quand celle-ci viendra et à condition de ne pas trop répéter les refus pour ne pas risquer être rayé des listes. Entre deux missions, il peut percevoir des indemnités, mais ses droits peuvent très vite s'épuiser. Et l'intérêt, c'est tout de même d'être en activité plutôt que de rester derrière son téléphone. Par contre, n'est pas concerné par ces coupures, celui qui au bout de six ans a obtenu un contrat à durée indéterminée. Mais pour signer un tel contrat, faut-il que le Rectorat soit certain d'avoir un besoin permanent et durable, sans quoi il préférera sûrement recruter un nouveau contractuel, donc pour une durée déterminée. Et même si le besoin est permanent et durable, nul ne peut affirmer qu'il ne penchera pas pour cette dernière solution.

Eh oui, le secteur public s'accorde des pratiques que le législateur a interdit depuis longtemps dans les entreprises !

Mais déjà, avant de faire mes premiers pas dans le public, il fallut presque que je reconnaisse ma faute d'avoir exercé pendant deux années dans un milieu impur. On m'a du moins fait comprendre que j'entrais dans un monde où l'on n'enseigne pas de façon approximative. Il n'est toutefois pas difficile de tenir ce discours quand on est assis sur le versant officiel de la transmission du savoir. J'ai laissé dire.

Vous l'avez compris, les gens du public n'aiment pas trop ce privé qui m'avait ouvert le chemin avant que je puisse un jour changer de bord. Ces gens là commencent tout juste, sans grand enthousiasme, et pas tous, à accepter l'autre privé, principalement d'origine confessionnelle, à qui l'Etat et les collectivités publiques fournissent l'essentiel des moyens. Jadis, il y a quelques décennies, cet autre privé était aussi détesté que l'est aujourd'hui le privé hors contrat, pas exactement pour les mêmes raisons. La frontière s'est légèrement déplacée.

Il est vrai, mis à part le côté purement mercantile des écoles hors contrat jugé par chacun comme il l'entend, que la pédagogie n'est sans doute pas toujours excellente. Mais de là à tout dénigrer, peut-être pas quand-même. Ces écoles hors contrat ont une image à tenir si elles veulent avoir des élèves, et à une époque où il est facile de s'informer, le blabla commercial ne leur suffit plus pour attirer les clients. Je soupçonne toutefois bon nombre de ces écoles qui testent soi-disant les aptitudes des candidats avant de les inscrire, de sélectionner leurs élèves sur la garantie de leurs ressources, ou du moins de celles des parents, plus que sur la capacité réelle à réussir des études, quitte à se débarrasser des plus mauvais élèves au bout de la première année, vous en devinez la raison, sauf pour les formations en alternance avec le monde du travail où l'engagement est sur la durée complète dès l'instant que l'alternant ne se fait pas évincer de l'entreprise qui l'emploie. Mais je dirai, naïvement, que je n'ai jamais poussé la porte de leur cuisine ! La méthode de l'examen d'entrée est une bonne formule pour une école afin de se montrer crédible. Les jeunes, en passant puis en réussissant immanquablement cette prétendue épreuve, sont convaincus d'être entre de bonnes mains et de pouvoir ensuite réussir la formation, même si leur livret scolaire n'est pas fameux. Celui-là, ils l'oublient. Il est tout de même pitoyable que l'on puisse exploiter à ce point la fragilité de jeunes qui peinent à trouver une voie, ou l'inquiétude de parents, pas forcément très fortunés, face à l'avenir de leurs enfants. Mais tout est permis pour réaliser la meilleure rentabilité financière au détriment de l'humain. Rien n'est nouveau : de tout temps et dans tous les domaines, les uns ont su tirer parti des faiblesses des autres, seules les façons évoluent. Pourquoi ce secteur en serait-il exclu ? Il y a bien pire ! Ces écoles se défendront en disant qu'elles offrent une deuxième chance à ceux qui n'ont pas pu saisir la première.

Et tous ceux qui ont la certitude que la pédagogie dans ces écoles n'est pas semblable à celle de l'enseignement public, qu'ils sachent quand même que les moyens qu'utiliseront les jeunes plus tard pour leur vie active ne seront de toute façon pas semblables à ceux qu'ils acquièrent aujourd'hui, ce quelle que soit l'origine de leur formation initiale, qu'elle soit publique ou privée.

Le bac n'étant pas une obligation légale pour se présenter à un Brevet de Technicien Supérieur, le diplôme le plus couramment préparé dans ces écoles, j'ai eu des élèves qui avaient manqué le bac, alors que les lycées publics et privés sous contrat l'imposent. Cette tolérance, qui permet finalement de gonfler les effectifs des écoles hors contrat, n'enlève peut-être rien à la possibilité pour ces jeunes de réussir des études et une carrière par la suite ; néanmoins, je crois qu'un minimum d'exigence serait nécessaire, surtout que le bac, il n'est pas compliqué de le repasser avant d'entamer des études supérieures si on l'a loupé une première fois. D'autant qu'aujourd'hui, il est possible de conserver le bénéfice de matières pour lesquelles on a obtenu la moyenne. Ces étudiants dépourvus du bac disent qu'ils le repasseront dès leur première année d'études supérieures ; sauf que, déjà saturés de travail avec leur nouveau cursus, je crains fort qu'ils se relancent dans l'aventure du bac. Cette tolérance d'accès au BTS sans le bac devrait à mon sens se limiter à ceux qui ont déjà réalisé un parcours professionnel et qui veulent obtenir un diplôme.

Attention aussi à ce mot "formation", utilisé par de dites "écoles", mot qui peut cacher des dérives, sectaires par exemple, ce qui oblige un regard des pouvoirs publics. Ces dérives restent quand même marginales mais ne sont pas toujours perceptibles par des gens facilement manipulables. Et personne n'est d'ailleurs à l'abri d'être manipulé un jour.

Pour ma part, malgré toutes mes remarques, je ne mets aucunement en doute le sérieux des écoles privées dans lesquelles j'ai exercé, même si des points sont discutables, comme partout. Les résultats aux examens y étaient comparables à ceux du public ou du privé sous contrat. Par contre, j'ai refusé des propositions d'écoles pour lesquelles je ne me sentais pas assez en confiance.

Quoi qu'il en soit, c'était le passé, puisque j'entrais désormais dans un autre monde, bien que j'aie continué un peu en parallèle à donner des cours dans le privé.

A la base, en me dirigeant vers l'enseignement, je voulais donc donner une valeur à mon expérience, pouvoir la transmettre. Mais j'avais envie, aussi, de découvrir ce milieu, en particulier les coulisses de l'enseignement public dans lesquelles il est difficile de pénétrer quand on ne lui appartient pas. Car c'est loin d'être le milieu le plus ouvert : les profs, ou plus largement les gens de l'Education Nationale, se marient entre eux, leurs amis sont profs, en vacances ils côtoient des profs, et même leurs enfants deviennent enseignants, quoique beaucoup de ces parents incitent leurs enfants à choisir une autre voie, les conditions d'exercice de leur métier devenant de plus en plus difficiles. C'est une caricature, certes, mais pas très éloignée de la réalité, bien que ce manque de mixité ait tendance à s'estomper. Par ailleurs, ce monde qui a parfois mauvaise presse, entre autres par rapport à un système scolaire qui perdrait en qualité, ce qui reste à démontrer, ou du moins faudrait-il évoquer les véritables raisons d'une dégradation si elle est prouvée, impose d'un autre côté du respect, peut-être justement, mais pas seulement, parce qu'il paraît, ce monde là, encore impénétrable, parce qu'il est empreint d'une certaine gravité.

Je souhaitais aussi depuis quelques années m'écarter un peu du secteur de l'industrie et du commerce, pour lequel j'avais toujours travaillé, et de ses seuls objectifs marchands. Le moment était venu.

J'avais jusque là, avant d'enseigner, moi aussi une opinion quelquefois très sévère sur l'Education Nationale, sur son fonctionnement. Pas directement envers les profs, que je trouvais tout de même culottés de toujours se plaindre avec toutes leurs vacances. Je voulais voir si après coup j'allais conserver cette opinion. Mais toutes ces raisons suffisaient-elles pour que je me dirige vers cette fonction ? Non bien sûr. On ne travaille pas seulement pour un épanouissement personnel, pour l'amour d'un métier, pour la découverte, pour la gloire. On travaille avant tout parce qu'il faut des ressources pour vivre. Le reste n'est qu'un complément pour se sentir bien dans ce que l'on fait et pour avoir le désir de progresser, bien que ce soit un complément non négligeable.

J'avais cette satisfaction en plus du salaire. C'était parfait. Il aurait fallu que cela dure indéfiniment. Hélas, mon engouement des premiers mois et le plaisir que j'ai eu ensuite durant quelques années se sont presque soudain transformés en cauchemar, pour des raisons qui ne sont d'ailleurs pas tout à fait celles que l'on rencontre habituellement dans le métier.

Non, les années d'un enseignant ne s'écoulent pas toujours comme un long fleuve tranquille ! Dans mon cas, moi qui ai tout le temps voulu de la diversité, qui ai toujours été allergique au ronronnement, j'ai été servi, mais à quel prix...

Lorsque j'ai démarré l'enseignement, j'avais besoin de retrouver des ressources stables car j'étais dans une situation compliquée après un licenciement économique à un âge où pour ma profession on engage plutôt des têtes jeunes, alors que la mienne avait déjà bien vieilli, du moins aux yeux des recruteurs, eux-mêmes pas toujours plus jeunes que moi. Et la situation était d'autant plus compliquée que ce licenciement est arrivé tout juste avant les premières retombées de la fameuse crise des subprimes, soi-disant la pire depuis des décennies, dont on ressent encore des répercutions dix ans après.

Mon domaine de compétences, l'informatique, n'a, lui, pas été touché pendant de longues années par cette crise, mais une seule année sans avoir retravaillé a suffi pour que je m'enlise dans une position difficile à défendre devant des employeurs qui aiment que les candidats présentent des expériences fraîches. J'aurais pu partir en région parisienne où il y avait sans doute de belles opportunités à saisir par rapport à ma région qui n'a jamais été très porteuse dans mon domaine, plus exactement dans le développement de logiciels qui a occupé une bonne partie de ma carrière en informatique. Mais mes attaches ne me permettaient pas de partir. Je n'avais pas non plus, durant les années qui précédaient mon licenciement économique, fait preuve d'un dynamisme particulièrement remarquable ce qui n'arrangeait pas ma situation : après une période quinze ou vingt ans plus tôt où j'avais été professionnellement très actif, là, j'étais resté sept années dans la même entreprise avant d'être licencié, à quelques kilomètres de chez moi, où j'allais travailler à vélo à travers des routes de campagne, avec des horaires qui ne m'étaient pas vraiment imposés, ce qui ne m'empêchait pas d'être sérieux dans ma fonction, mais plus détendu qu'au début de ma carrière. Cette entreprise, qui avait auparavant formidablement bien réussi, sans doute endormie dans son succès, n'avait pas perçu la nécessité de s'adapter aux évolutions du marché et des méthodes de travail, dans un secteur lui-même en crise depuis quelques années, était en difficulté et n'investissait plus. Par conséquent, les projets que je présentais étaient systématiquement rejetés, alors que la conduite du système d'information, terme moderne pour désigner l'informatique ou plus exactement tout ce qui est lié à l'information, est dorénavant une fonction de premier plan, non seulement indispensable aux opérations courantes mais aussi au pilotage de toute entreprise où il faut disposer de données suffisamment pertinentes pour pouvoir prendre les bonnes décisions. Ces rejets de la part de la direction ne pouvaient qu'enfoncer l'entreprise dans ses difficultés. Mais elle n'était plus en mesure de faire autrement. Mes journées de travail se déroulaient sans réelle motivation. Le personnel m'avait élu délégué, ce qui me donnait encore un peu chaque jour l'envie d'y retourner.

Lors de mon recrutement en 2001, je pensais pouvoir rester de très nombreuses années dans cette entreprise, même si j'ai toujours eu le désir de bouger. Il arrive un âge où il est nécessaire de se poser pour éviter le risque de ne plus pouvoir le faire ailleurs. De plus, le salaire était satisfaisant, au dessus de ceux pratiqués aux alentours. J'aurais simplement dû partir quand j'ai senti que la situation se dégradait. Je gardais espoir peut-être ou ne voulais prendre aucun risque face à ma charge de famille.

Je n'ai eu finalement d'autre choix que de quitter cette entreprise à un moment où j'étais fragilisé, avec le risque de devoir envisager un autre avenir. Après diverses tentatives plus ou moins fructueuses, c'est le secteur de l'éducation qui m'a souri.

Chapitre 2

Je suis devenu enseignant alors que je n'aimais pas les contraintes du système scolaire lorsque j'étais élève.

On pourrait croire que les enseignants ont tous pris du plaisir à l'école et ont eu un parcours parfaitement linéaire. Ce n'est donc pas tout à fait mon cas et je ne suis sûrement pas le seul. Ce n'est certes pas la voie que j'avais choisie après le lycée, mais je l'ai rejointe un jour et bien que ce soit entre autres en vue de percevoir un salaire régulier dans des moments quelque peu difficiles, on ne va pas malgré tout vers ce métier comme vers n'importe quel autre.

Il ne suffit pas d'avoir été un élève exemplaire pendant toute sa scolarité pour pouvoir exercer cette profession en toute tranquillité. Quoiqu'en disent certains, qui pensent que les enseignants sont des gens qui ne fichent rien et sont toujours en vacances, enseigner est un métier pas facile du tout qui nécessite, au delà de la maîtrise de la matière, une sacrée robustesse. Ce n'est pas pour rien qu'il y a de plus en plus de dépressions chez ces personnes-là, parfois sévères. Evidemment, il y aura toujours des imbéciles pour dire que les profs sont plus fragiles que les autres. Et si nous n'avions pas justement toutes ces coupures, appelées vacances, et une liberté dans la répartition et l'exécution de nos tâches, il y aurait probablement de moins en moins de gens attirés par cette profession. Surtout que le salaire n'est pas non plus extraordinaire. Il n'est même pas correctement revalorisé : la valeur du point d'indice, valeur de base commune à tous les agents du public, toutes fonctions confondues, qui sert à calculer le salaire brut en la multipliant par le nombre de points propre à chacun, est souvent gelée, par conséquent dépassée par l'inflation. Seuls les changements d'échelon ou de grade permettent alors de bénéficier d'une réelle augmentation par la hausse du nombre de points.

Etant adolescent, jamais je n'aurais eu l'idée de devenir prof, presque jusqu'à tourner le dos à celui qui l'aurait suggéré. J'étais bien content au contraire quand j'ai pu quitter ce milieu qui imposait des règles que je ne trouvais pas toujours nécessaires, où il fallait que je sois assis quand je voulais être debout, où je devais faire un exercice même si celui-ci me barbait. J'étais convaincu qu'il existait d'autres façons de s'instruire, tout aussi efficaces et sans ce rapport de force qui s'établissait trop souvent quand un élève ne se pliait pas aux exigences. Mais quelle que soit la vision que l'on a eu de l'école, il est resté sans doute plus ou moins chez chacun, sans en avoir obligatoirement conscience, une admiration pour ces femmes et ces hommes installés face à nous dès la petite enfance, qui nous ont appris tant de choses, qui nous ont permis de connaître la vie en collectivité. Il est forcément resté aussi des souvenirs sur ces classes qui se sont succédé, toutes différentes, mais toujours avec les mêmes rythmes, toujours selon les mêmes rites. Et j'ai probablement eu, au delà de la simple envie de transmettre, le désir de retrouver cette atmosphère.

Quoiqu'il en soit, ma scolarité, si elle fut globalement acceptable, n'a pas été simple du tout.

Tout avait bien démarré avec un parcours en primaire assez réussi, jalonné par le classement que nous avions à l'époque tous les deux ou trois mois, par la distribution des prix en fin d'année et par le concours de devoirs de vacances chaque été parrainé par le quotidien régional. Pour autant, je ne cherchais pas à écraser les autres ; j'avais plutôt envie d'aider des camarades en difficulté.

C'est très important le primaire. Je crois que si l'on a acquis ces bases durant cette période où le cerveau est en plein développement, on réussira plus facilement par la suite les autres apprentissages ou on saura rattraper bien plus tard ces derniers si on n'a pas pu ou pas voulu les saisir au moment où on nous les a apportés.

Par contre, mon secondaire fut bien différent du primaire. L'histoire de la Grèce antique, la poésie et les auteurs classiques m'ennuyaient, puis l'esprit de compétition m'avait passé. J'avais envie d'apprendre, mais seulement ce que j'avais choisi d'apprendre. Or ça ne fonctionnait pas ainsi.

Il faut dire que j'avais effectué, juste avant, un Cours Moyen deuxième année un peu particulier où le contenu pédagogique n'avait absolument rien à voir avec celui que j'avais connu auparavant. La dictée, la grammaire, l'histoire, la géo,..., tout cela n'existait plus, remplacé par de l'expression libre le matin et diverses activités libres elles aussi l'après-midi, sans classement ni prix en fin d'année. Je n'avais plus besoin de faire des efforts en vue d'obtenir des résultats, du moins pour ceux que l'on m'avait appris à atteindre. Je me laissais porter. C'était bien agréable mais peut-être pas vraiment bénéfique pour ce qu'on allait attendre de moi durant la suite de ma scolarité.

C'était peu de temps après 1968. Jusqu'à un passé récent, Je croyais que cette façon de faire la classe avait vu le jour pendant cette période de révolte, parmi toutes les idées nouvelles pensées à l'arrière des barricades pour remplacer les vieux principes en vigueur à l'époque. Or, même si mai 68 a sans doute fait entrer cette façon de faire la classe dans les débats, celle-ci était en réalité plus ancienne, sauf qu'elle n'avait jamais eu une grande adhésion jusque là. C'est un collègue, à qui j'ai raconté cette année peu ordinaire, qui m'a appris que cette pédagogie portait un nom. Cela m'a permis de découvrir aussi qu'elle avait une très longue histoire. J'avais seulement vaguement entendu parler du film "L'école buissonnière", sorti en 1949, qui romance les débuts de cette pédagogie, sans pouvoir faire le rapprochement avec ce que j'avais vécu pendant mon CM2. Tous ceux qui sont allés à l'Institut Universitaire de Formation des Maîtres ou, pour les plus jeunes, à l'Ecole Supérieure du Professorat et de l'Education, passage obligé pendant un an pour devenir prof titulaire après avoir commencé sa carrière devant les élèves en tant que professeur stagiaire, ont sûrement étudié cette façon particulière de faire la classe. Mais je ne suis qu'un professeur contractuel qui n'a pas fréquenté ces écoles !

Il s'agissait de la pédagogie Freinet, du nom de son concepteur,

Célestin Freinet, instituteur, mutilé de la guerre 14-18, qui développa dans les années vingt des techniques basées sur une participation active des élèves à leur formation, une individualisation des tâches et une coopération des enfants entre eux. Il ne voulait pas d'une pédagogie individualiste, souhaitant un équilibre entre l'individu et le groupe. Freinet s'était d'ailleurs lui-même inspiré de techniques plus anciennes qu'il avait pu découvrir dans d'autres pays. Mais face à des démêlés avec les autorités locales et des parents, l'accusant en particulier de présenter de façon élogieuse la révolution russe, et en désaccord avec sa hiérarchie, il décida en 1934 de démissionner de l'école de la République pour créer, avec l'aide de son mouvement, sa propre école à Vence, non loin de Nice, afin de pouvoir appliquer librement sa pédagogie. Il s'est ensuite battu durant toute sa vie pour la promouvoir et la perfectionner. L'Ecole Freinet de Vence existe toujours après être devenue école publique à statut expérimental en 1991 sur décision du ministre de l'éducation Lionel Jospin. On continue à y appliquer les principes et les techniques développées par son fondateur. En 2001, l'école a même été classée au "Patrimoine du XXème siècle", un label décerné par le Ministère de la Culture.

Freinet, qui militait pour l'émancipation de tous les humains, s'est toujours opposé à la pédagogie officielle axée sur les leçons, les exercices d'application, le corrigé devant la classe entière, où certains élèves pouvaient suivre et d'autres non, ce qui n'inquiétait personne puisque de toute façon, tous pratiquement avaient une activité plus tard, que ce soit à l'usine, dans les champs, au foyer pour une majorité de filles... ou bien à la guerre pour un bon nombre de garçons, sinon notable, commerçant, instituteur ou curé pour quelques uns. Il estimait que les acquisitions ne se font pas par l'étude des règles et des lois, mais d'abord par l'expérience, les règles et les lois devant être apprises dans un deuxième temps. Par ses méthodes, il voulait permettre à tous les élèves de s'épanouir et de progresser. Freinet proposait la correspondance individuelle et collective inter-scolaire, les textes libres écrits par les élèves et imprimés ensuite dans un journal scolaire qu'ils réalisaient eux-mêmes, le travail de groupe avec une rotation pour le rôle de chacun, les découvertes dans la nature, ainsi que bien d'autres outils. L'éducation à la solidarité et à l'entraide était aussi au cœur de sa pédagogie.

Dans mon école rurale, notre instituteur, qui avait lu, j'imagine, le livre de Freinet sur ses techniques de l'école moderne, paru en 1964, avait suivi un stage en début d'année scolaire, je m'en souviens bien que je n'en connaissais pas précisément le contenu, stage durant lequel il les avait probablement étudiées.

Nous étions visiblement les premiers sur qui il les testait. Il est évident que cet essai ne pouvait pas être une parfaite réussite. Il était sûrement difficile, loin des adeptes confirmés et dans une seule des classes de mon école, de reproduire correctement de telles techniques, même si elles paraissent simples à la base, ce qui me donnait l'impression que l'on ne faisait rien de très fini ni de très formateur et que nous étions plutôt livrés à nous-mêmes, d'autant que nous n'avions peut-être pas tout le matériel dont nous avions besoin pour les différentes occupations. Toute méthode nécessite toujours un temps d'adaptation, en l'occurrence au moins une ou deux années. En tout cas, cela a certainement permis à des élèves qui auraient été en difficulté dans une classe traditionnelle, ou qui n'y auraient rien appris, de ne pas se sentir infériorisés et de pouvoir s'impliquer dans diverses réalisations.

J'ignore si l'expérience a été renouvelée les années suivantes.

Mes parents, tellement en colère après ce qu'ils avaient vu durant cette année scolaire, et de là très remontés contre l'école publique, avaient décidé de m'inscrire pour la sixième dans un petit collège privé où la pédagogie n'était pas du tout la même. Mais la course aux notes et les devoirs à la maison n'allaient plus me plaire autant que pendant mes premières années d'école.

Puis il arrive aussi un âge où l'on change et où l'on ne fait plus comme avant.

On retrouve du Freinet un peu partout dans l'école d'aujourd'hui : travaux de groupe, journal scolaire, correspondance, etc. Mais ce ne sont que des emprunts qui, isolément, sont quasiment débarrassés de l'esprit de l'école de Vence. On est loin de toute façon d'une scolarité où chaque élève peut s'épanouir et progresser selon son rythme afin de limiter les inégalités dans les apprentissages. Tout simplement parce que notre modèle socio-économique ne nous demande pas de le faire. Si les classements et les remises de prix ont disparu de façon visible, ils existent toujours implicitement puisque globalement, avec le système scolaire actuel, on est en mesure de diriger les "meilleurs" élèves vers les besoins les plus pointus en matière de savoirs et de savoir-faire, et les autres élèves vers des besoins aux exigences moindres. On veut donc disposer de niveaux "qualitativement" différents et pouvoir distinguer, trier, orienter plus facilement... et éliminer. Ce système, faute de mieux, a quand même le mérite de faire émerger des gens qui apportent beaucoup à tous, par exemple dans le domaine de la recherche médicale, ainsi que dans tant d'autres qui nécessitent désormais un degré très poussé de spécialisation. C'est un débat !

Des années plus tard, il a fallu trouver une orientation. Comme beaucoup de collégiens et de lycéens, je n'avais pas vraiment d'idée. Il existe aujourd'hui de nombreuses possibilités pour découvrir les métiers et les poursuites d'études. Il y a plus de quarante ans, c'était moins évident. Dès la fin des années soixante, la société se transformait et les enfants n'avaient plus nécessairement envie d'exercer la même activité que leurs parents, du moins pour les garçons celle de leur père, et les filles voulaient aussi, la plupart d'entre elles, avoir un véritable statut social. Il fallait par conséquent choisir sa propre voie. Nous disposions de revues, en particulier de l'Onisep, mais cela ressemblait plus à de la carte postale qu'à un véritable moyen de palper les réalités d'une profession.

On ne se préoccupait pas de l'avenir comme maintenant, ou du moins, on ne le craignait pas autant. Cette période de trente années de croissance économique forte et continue après la seconde guerre mondiale n'était pas terminée, et quand les choses durent aussi longtemps, on oublie qu'elles peuvent s'arrêter un jour. Certes, quelques fissures apparaissaient mais on ne pensait pas qu'elles allaient s'agrandir et se multiplier.

Beaucoup ne se dirigeaient pas vers le bac. Certains d'entre nous, dès la classe de troisième, tentaient des concours, ceux des postes et télécommunications ou d'EDF, qui étaient directement rattachées à l'Etat, ou ceux des ministères, une façon peut-être de se garantir une situation à vie. La fonction publique semblait aussi leur offrir une carrière plus douce et plus paisible que les usines. Car il en existait encore dans notre pays, à foison ! Pour ma part, je trouvais la vie des fonctionnaires monotone et dépourvue de liberté, surtout celles des agents qui restaient derrière un bureau. Je voulais de la diversité, pouvoir aimer mon emploi presque au point d'en faire un loisir. Comme bon nombre de jeunes, je clamais le refus d'être un serviteur. Nous en sommes pourtant tous un plus ou moins, quel que soit notre âge. On s'en rend compte un jour !

Par contre, je n'ai pas le souvenir que des camarades de classe voulaient devenir enseignant. Peut-être parce que ce désir, cette vocation, vient plus tard, quand un niveau d'étude est atteint.

J'avais dans l'idée à seize ans d'être vite autonome. C'était difficile à atteindre. J'ai tergiversé entre un choix qui n'était pas le bon, puis un autre choix qui ne m'intéressait guère plus, pour me destiner au commerce, sans aucune passion, strictement aucune, mais parce que je supposais que ces métiers permettaient de gagner rapidement un bon salaire. J'aurais aimé faire de la biologie, cette vaste science du vivant paraissait captivante, éventuellement de la recherche dans ce domaine, voyager dans l'infiniment petit. Or cette ambition qui dura un trimestre ou deux s'est vite éteinte au profit du secteur de l'entreprise car c'était celui que je connaissais déjà par mon entourage. Je n'étais peut-être pas non plus assez bosseur ou assez courageux en ce temps là pour me lancer dans de longues études, et comme je l'ai dit, je voulais sans tarder être indépendant.

A cette époque, on pouvait plus librement choisir son orientation ; pour autant, on ne voyait pas toujours quelles étaient les issues des différents cursus proposés. Certaines personnes s'adaptent au choix qu'elles ont fait même si ce n'était pas le bon et font une longue carrière sans penser chaque jour qu'elles auraient pu faire mieux ou différemment. Je n'ai pas cette capacité : je suis vite mal dans ma peau si je ne fais pas quelque chose qui me donne un minimum de plaisir.

Trouver son chemin n'était pas forcément facile hier, ça l'est encore moins aujourd'hui, même si l'information est meilleure : la jeunesse est confrontée à des voies qui se resserrent et en même temps à une société qui l'inonde de rêve. Pour ces raisons, ainsi qu'à cause de notre système trop inégalitaire, beaucoup de jeunes n'ont pas de piste à explorer pouvant répondre à leur aspiration ou aux ressources dont ils font preuve. Néanmoins, pour donner un peu d'espoir à ceux qui en manquent, disons qu'il y a toujours malgré tout, tôt ou tard, une chance qui passe ; faut-il la voir et la saisir, parfois toute petite, imperceptible, donnant à peine envie de s'intéresser à elle et ne faisant peut-être pas assez rêver, mais qui peut amener vers une situation plus favorable et durable. Il faut savoir accepter petit et modeste pour pouvoir espérer plus grand ensuite. Après, rarement on regrette.

Dans mon cas, certains peuvent dire que j'ai perdu du temps puisque, il y a maintenant quelques décennies, j'ai mis longtemps à trouver une voie. Puis un jour, une chance est passée et je m'en suis vite emparé pour ne pas la laisser filer. Elle m'a permis de partir vers de nombreuses années d'informatique, un truc nouveau, très complet, qui m'a offert la diversité et la passion que j'attendais, qui a occupé l'esprit comme rien d'autre et l'a fait surchauffer en lui faisant du bien. Et de là, bien des années plus tard, sans jamais y avoir songé, de devenir enseignant.

Chapitre 3

La raison essentielle qui m'a conduit vers l'enseignement n'est peut-être pas, finalement, l'envie de valoriser mon expérience en l'apportant à d'autres ou le désir de retrouver l'atmosphère de l'école de ma jeunesse. Je recherchais cela bien sûr mais, outre aussi le besoin d'un salaire régulier, d'autres raisons m'ont guidé inévitablement vers ce métier.

Car je n'ai pas tout dit...

Si l'enseignement, au sens de la transmission d'un savoir à des élèves ou des étudiants, était une nouvelle voie professionnelle, à plus de cinquante ans, je n'étais tout de même pas très éloigné de cette fonction auparavant, puisque j'assurais des formations en informatique, et ce dès l'âge de vingt-quatre ou vingt-cinq ans : en journée, j'occupais une partie de mon temps de travail à former des utilisateurs, et certains soirs, j'intervenais bénévolement en milieu associatif auprès d'un public varié. Par ailleurs, j'ai longtemps été membre du conseil d'administration de cette structure, une importante association culturelle et d'éducation populaire, conseil composé majoritairement d'enseignants. Je côtoyais donc déjà ce monde-là d'assez près.

Il est courant aujourd'hui que des personnes ayant travaillé dans des entreprises ou venant d'un autre corps de la fonction publique se reconvertissent dans l'enseignement. C'est toutefois assez exceptionnel pour des gens de la cinquantaine et il est certain que si je n'avais pas eu des fonctions de formateur avant, je n'aurais jamais eu l'idée de m'orienter vers l'enseignement.

J'ai nécessairement acquis pendant plus de deux décennies un savoir-faire en formation qui m'a servi lorsque j'ai commencé à enseigner, même si mes façons de procéder, une fois en poste, n'ont sûrement pas toujours été conformes aux méthodes préconisées ou n'ont pas tout le temps été celles qu'apprécient les inspecteurs. Néanmoins, on ne m'a jamais proposé de cours pour que je puisse apprendre ces techniques ; c'était sans doute à moi de me débrouiller à les découvrir. J'ai tellement étudié de choses seul que je n'étais plus à une près ! Sauf que parmi les méthodes existantes et leurs variantes, il n'est pas facile de savoir lesquelles sont vraiment en vigueur, car rien n'est figé dans ce domaine. Les inspecteurs eux-mêmes ne préconisent pas tous toujours la même chose : une collègue m'a parlé d'un inspecteur qui conseillait d'utiliser les questionnaires à choix multiples afin d'évaluer les acquis des élèves, alors qu'un autre, qui exerçait dans le même service, était opposé, lui, à l'usage du QCM, peut-être sans savoir ce qu'en pensait le premier inspecteur. C'est certainement un détail en matière de pédagogie et ça n'enlève rien à la qualité des conseils apportés, mais cela manque quand-même d'unité. Evidemment, l'enseignant titulaire se moque éperdument de ces positions différentes et fait ce qu'il veut ; sa seule crainte face à ce cadre supérieur est d'être mal évalué lors d'un rendez-vous de carrière. Mais pour un contractuel, fragile, tout est plus difficile.

J'ai eu droit tout au plus, après mon entrée dans l'Education Nationale, à trois ou quatre journées de rencontre avec d'autres profs venus de toute l'académie où l'on nous a présenté quelques outils pédagogiques, mais rien de très complet. J'ai eu droit aussi au soutien d'une collègue, missionnée par le Rectorat, qui a assisté à quelques uns de mes cours, sans enthousiasme de sa part car déjà saturée de boulot avec des heures supplémentaires et le tutorat d'un professeur stagiaire.

Cela dit, lors de mes débuts dans cette grande institution, on m'a vivement conseillé de préparer le concours pour devenir titulaire, auquel cas, après l'avoir réussi, j'aurais bénéficié d'une année de formation à l'école supérieure du professorat, en parallèle à mon affectation comme professeur stagiaire dans un lycée de la région. Les inspecteurs, chargés de l'animation d'une équipe, aiment que leurs contractuels aient de l'ambition pour le métier. Or je n'ai pas écouté ces conseils, tout en laissant entrevoir que j'allais les suivre. C'était risqué pour mon avenir. Les nominations après l'année de stage, c'est à dire lors de la titularisation, étant à l'échelon national, du moins pour les collèges et lycées, pas pour le primaire, j'avais toutes les chances, si l'on peut dire, de partir dans une autre région. Tout nouveau titulaire formule des vœux d'affectation, mais il doit disposer d'un nombre de points suffisant pour que l'un d'eux soit satisfait. Les points dépendent en partie de la situation familiale, or la mienne ne m'en donnait plus assez pour rester non loin de chez moi, un secteur pour lequel une tire-lire suffisamment remplie était nécessaire, car plus les endroits sont demandés, plus ils coûtent cher. Le professeur fraîchement titularisé n'est pas libre de refuser le poste qui lui est attribué en vue d'attendre une autre proposition, et les points utilisés étant perdus dès la nomination, il faut qu'il en acquière de nouveaux, année après année, pour pouvoir être muté par la suite où il le souhaite, parfois de nombreuses années plus tard. L'Education Nationale fonctionne avec des règles strictes et aurait sinon bien du mal à respecter les désirs de chacun. Ce n'est peut-être pas parfait : par exemple, des débutants se retrouvent dans des collèges ou lycées quelque peu difficiles sans qu'ils aient fait ces choix-là, parce qu'accessibles avec peu de points.

Je voulais par conséquent rester contractuel pour garder une certaine liberté et ne pas m'éloigner de l'endroit où j'ai toujours vécu. Les gens de mon âge sont en général déjà bien établis et ne veulent pas tout chambouler dans leur univers, qui plus est, pour un salaire pas spécialement élevé. Puis, même si je suis très actif, le dynamisme n'est plus celui du début de la vie active, les objectifs non plus. L'esprit n'est probablement pas aussi vif qu'à trente ans : pour beaucoup parmi nous, il est plus ou moins encombré par l'addition des problèmes de la vie. Que nous soyons incapables de réaliser de nouveau ce que nous faisions à la moitié de notre âge, peut-être pas quand même. Ou peut-être. Ce serait plutôt l'envie de le refaire qui n'est plus tout à fait là. En revanche, nous avons acquis une sagesse, une mesure et une perception de ce qui nous entoure que n'ont pas ou pas autant des gens plus jeunes. Mais ça n'intéresse pas l'Education Nationale. Je peux comprendre.

Je ressemble ainsi assez peu aux enseignants ayant leur carrière devant eux, plus volontaires, plus combatifs et sûrement plus disponibles.

D'autre part, si le statut de contractuel est généralement considéré comme un statut précaire, je n'ai pas ressenti cela les premières années, parce que justement je n'attendais rien d'autre, parce qu'aussi j'avais pu obtenir un indice de rémunération que j'estimais acceptable, du moins au regard de celui de titulaires ayant déjà de l'ancienneté et dont je n'étais pas très éloigné.

Pour la pédagogie, il était donc difficile que je me conforme à ce qui était préconisé par nos supérieurs, n'en ayant pas acquis les principes. Je me servais seulement de ma propre expérience de formateur et des apports de collègues, toujours prêts, la plupart, à offrir un soutien ; c'est un milieu où règne une solidarité, ce qui n'est pas tant le cas dans les entreprises. Ceci dit, je n'avais guère de souci durant mes cours tant que je n'enseignais que ma matière, car les choses ont un peu changé après... Beaucoup même. Les notes de mes élèves aux examens, du moins celles qui m'ont été communiquées, n'ont pas jusqu'à ce jour été plus mauvaises que celles des élèves de mes collègues confirmés. Et ma première inspection, si elle fit l'objet de remarques, comme c'est souvent le cas paraît-il, s'est terminée sur un avis favorable et des encouragements. Avec certains inspecteurs, on se croirait encore à l'école, côté élèves !

Les définitions sont nombreuses et ont évolué avec le temps. Je retiendrai simplement que la pédagogie regroupe les méthodes permettant de transmettre efficacement du savoir, des aptitudes, des attitudes aussi, à un public ciblé. En pédagogie, tout au moins pour ce qui concerne le métier d'enseignant qui n'en a pas l'exclusivité, il est compliqué de se former sans être guidé et sans assister aux cours de pédagogues expérimentés. A ceux de plusieurs pédagogues, pour observer diverses pratiques et savoir ensuite comment mieux s'y prendre avec ses propres élèves, compte tenu que les profs ont tous des profils différents, des personnalités différentes, et qu'il ne peut pas y avoir une façon standard d'enseigner adaptable à tous, mais une multitude de manières parmi lesquelles chacun adoptera celle qui semble lui convenir. Et ce choix-là ne sera pas définitif ou invariable puisque la façon de faire évoluera au fil du temps ou changera en fonction des classes. La pédagogie, ce n'est donc pas du prêt-à-porter qui répond à toutes les situations, mais des pratiques qu'il faut ajuster en permanence, corriger, plus par rapport à ce que l'on ressent qu'en respectant des règles strictes. Les groupes d'élèves ne se ressemblent pas et réagissent différemment face à la connaissance et aux compétences que l'on veut apporter. Enseigner, c'est prendre en compte la diversité. Un formateur ou un professeur obtiendra peut-être seulement de quelques élèves de sa classe ce qu'il attend d'eux, alors qu'un autre professeur ne l'obtiendrait pas forcément des mêmes élèves.

Sans employer une méthode particulière, qui dans sa vie n'a jamais fait de pédagogie ? Ne serait-ce que pour expliquer comment fonctionne un robot ménager multifonctions, une alarme,... ou le banquier quand il présente les avantages d'un placement à son client, le chef de chantier quand il décrit les tâches à accomplir à ses ouvriers,... Elle est partout. Mis à part que ce ne sont pas les mêmes attentes dans l'enseignement, ce qui contraint à lui donner une forme. Dans l'enseignement initial ou bien en formation continue, la pédagogie est le support de ce que l'on transmet, l'élément principal, tandis qu'ailleurs elle est uniquement un accessoire même si on ne peut s'en dispenser.

Certains considèrent qu'il s'agit d'une science. Toutefois, peut-on affirmer qu'elle en est une ? Ou alors, c'est une science assez peu exacte. Certes les méthodes pédagogiques sont développées à partir de l'expérience et de l'observation. De plus, en pédagogie rien n'est figé, comme dans n'importe quelle science où la connaissance peut être amenée à évoluer ou peut faire l'objet de contradictions. Mais pour qu'il s'agisse d'une science à part entière, faut-il aussi avoir les moyens de vérifier les résultats, de les mesurer, pas seulement à court terme, jusque là c'est facile, mais sur le long terme, le très long terme, car la finalité des apprentissages, ce n'est pas bien entendu l'interro du lendemain ni l'orientation du surlendemain.

La méthodologie est présente dans bien des domaines. On l'utilise en informatique, par exemple en phase d'analyse pour conduire un projet de conception d'un logiciel où l'on va respecter diverses étapes comprenant des techniques propres à chacune d'elles, avec d'éventuelles touches personnelles, ce qui laisse un peu de liberté à l'analyste. Mais en informatique, le résultat est vérifiable, car on voit sans trop tarder, une fois le projet achevé ou dès les premiers mois d'utilisation du logiciel, si les objectifs sont atteints, par conséquent si la méthode a été efficace.

Du reste, il n'y a pas qu'en informatique que l'on sait assez vite si la méthode adoptée a produit les résultats attendus. On peut le contrôler presque partout.

Avec la pédagogie, c'est bien différent : à part la façon dont les élèves réagissent pendant un cours, à part leurs notes durant l'année et leurs résultats aux examens qui sont le reflet de cours compris ou appris, ou de travaux pratiques réussis, les interrogations ne portant pas, d'ailleurs, sur la totalité d'un programme enseigné, à part cela, il faudrait savoir, longtemps après, si les méthodes employées ont permis à celui qui était à l'époque un élève d'avoir un bagage suffisant qui l'aide ou l'a aidé à réussir sa carrière et sa vie sociale. Puis qu'est-ce qu'une vie réussie ? Les critères ne sont pas les mêmes pour tout le monde. Ou si c'est à cause de méthodes inadaptées ou mal appliquées que l'élève n'a pas progressé durant sa scolarité. Un même élève est confronté à tellement de pratiques pédagogiques différentes pendant ses années passées à l'école, qu'il n'est pas possible de faire des rapprochements, d'autant que cet historique-là s'efface rapidement. Ainsi, on peut supposer, croire ou être convaincu, mais jamais avoir une preuve suffisante. Or la supposition, la croyance et la conviction ne font pas partie des sciences. Pour atteindre ce niveau, il faut démontrer.

D'une manière générale, cela ne veut pas dire que pour agir, nous devons attendre que la science soit allée jusqu'au bout de ses investigations. Elle n'apporte pas le remède à tout, ou pas toujours dans l'immédiat. Elle ne peut de toute façon pas démontrer si nous ne lui fournissons pas assez de matière pour qu'elle puisse étudier. Elle ne conclue que sur la base de ce qui a été expérimenté dans la vie de tous les jours ou en laboratoire. Par conséquent, dans notre quotidien, nous agissons selon la solution qui nous paraît la plus évidente, en fonction de notre bon sens, sans regarder systématiquement ce que dit la science ou sans regarder si elle a dit. En même temps, sans y penser, nous lui permettons de récolter les données dont elle a besoin pour progresser. Sans vouloir m'égarer, je citerai l'alimentation bio : depuis quarante ans, si tous ceux qui dans la population ont estimé que la malbouffe pouvait avoir des conséquences néfastes sur la santé n'avaient pas changé leur mode d'alimentation, en particulier en passant au bio, jamais aujourd'hui on n'aurait pu démontrer ses bienfaits ou son intérêt, par manque de données suffisantes pour comparer.

Hélas, avec la pédagogie, on ne peut jamais vraiment démontrer. C'est l'exception, du moins une exception. Sauf à considérer qu'il ne faut pas voir plus loin que le contrôle sur des apprentissages récents. Auquel cas, oui on parvient à démontrer. Bien sûr ! Mais je ne suis pas d'accord avec cette vision dont la preuve n'est que partielle. Tout contenu doit être apporté de façon à pouvoir être retenu ou maîtrisé le plus durablement possible. Or on ne peut certifier cette durabilité. C'est aussi une pratique répétée ou des leçons revues qui ensuite donnent une pérennité. Je trouve intéressant dans les interrogations de mettre quelques questions relatives à des chapitres un peu anciens, ce qui fait bondir les élèves mais ce n'est pas grave, afin de voir ce qu'ils ont gardé. Bien que cela reste aussi du court terme. Ce retour sur des chapitres antérieurs est en même temps une autre manière de revoir des notions importantes, autrement que par une révision classique.

Ainsi, à mon sens, la pédagogie est avant tout un art, celui par lequel on cherche à transmettre un savoir ou un savoir-faire qui va intéresser un public, le séduire, soit simplement pour la découverte, pour la culture, pour se divertir, soit, de façon plus pragmatique, dans le but de pouvoir l'utiliser plus tard. Quelle que soit la raison, celui censé délivrer ce qu'il sait essaiera de faire au mieux dans la relation particulière et unique qui le lie au groupe dont il a la responsabilité, en se servant de son expérience, de ses impressions et des techniques qu'il a acquises, tout comme le peintre qui saura accoupler son imagination aux techniques d'utilisation de ses pinceaux afin de délivrer une production qu'il espère appréciée du plus grand nombre.

Apprécié c'est vraiment le mot, mais faut-il qu'il y ait le brillant de finition pour augmenter cette sensation. Ici ce sera une atmosphère agréable, une ambiance détendue, un climat de confiance pour que les savoirs ou les savoir-faire s'acheminent encore plus efficacement du formateur vers ses élèves.

Un inspecteur m'a dit à la fin d'un cours « ils vous ont à la bonne », en parlant de mes élèves, sans qu'il s'agisse à mon avis d'un compliment mais seulement d'un constat. J'avais en effet une relation tout à fait sympathique avec eux, c'est même probablement la classe avec laquelle j'ai pris le plus de plaisir durant ces quelques années. Ces gens qui viennent nous rendre visite diront, je présume, qu'un professeur n'est pas là pour prendre du plaisir. Mais qu'importe. Il s'agissait d'élèves en première année de BTS, qui ce jour là se sont pourtant montrés très réservés en présence de cet homme, comme quoi cela se ressentait malgré tout dans l'ambiance de la classe. Il y avait une bonne humeur quasi-permanente durant toute l'année. L'humour et la plaisanterie n'étaient jamais absents. Nous échangions souvent sur des questions diverses qui n'avaient rien à voir avec la matière enseignée, en particulier lors des pauses. Des élèves n'hésitaient pas parfois à me parler de difficultés personnelles. Pour autant, je les faisais beaucoup bosser, mais dans la détente. Je ne lâchais rien sur la qualité du travail que j'attendais d'eux. Je devais quand même faire très attention aux débordements, mais ils savaient rester raisonnables. Je piquais de temps en temps une colère de façon théâtrale afin de les recadrer quand cela devenait nécessaire. C'était suffisant. Néanmoins, un énorme avantage me permettait de les tenir : j'étais amené à les noter en fin d'année pour leur épreuve d'examen, une épreuve anticipée en CCF, c'est à dire par un contrôle en cours de formation comme il en existe beaucoup aujourd'hui, dont ils n'allaient connaître la note qu'après les résultats du BTS en deuxième année. J'exagérais sur les exigences qu'imposait le barème de notation afin, sans difficulté, de leur mettre une pression pour le travail. Cela fonctionnait.

Une ancienne élève de cette classe que j'ai rencontrée récemment dans un train m'a dit « Monsieur, avec vous qu'est-ce qu'on a pu rire, ce qui ne nous empêchait pas de travailler ; on ne voyait pas les heures passer. ». Je les avais trois heures d'affilée et je ne voyais pas non plus le temps passer.

Je me suis toujours permis de prendre une liberté avec les élèves, tout en ne dépassant pas certaines limites et en respectant quoi qu'il en soit les exigences du programme, n'en déplaise à ceux qui détestent les gens trop libres. Mais ce qui est possible avec certaines classes ne l'est pas avec toutes. Quelques classes sont tellement difficiles à tenir que la détente est remplacée par la crispation.

Je me suis accordé aussi cette liberté parce que je ne suis pas devenu enseignant avec l'intention de faire une carrière d'enseignant. Vous l'aviez compris ! Dès le départ, je me suis dit que je serais là tant que ça se passerait bien et il m'était complètement égal d'en partir lorsque ça n'irait plus, conscient quand même que plus j'avance en âge, plus la transition vers quelque chose de nouveau, ne serait-ce qu'apparenté au domaine de l'éducation, est compliquée.

Je me souviens d'une scène d'un film dont j'ai oublié le titre, où dans un commissariat, un inspecteur interroge une prostituée pour connaître son identité et la frappe en même temps qu'il lui pose des questions. Secouée à chaque coup reçu, elle reste muette. Mais il continue de la taper. Soudain, un autre inspecteur s'approche de son collègue et, tout en lui posant des questions, le gifle plusieurs fois de toute la force de son gros bras afin de lui montrer que lui non plus ne peut pas répondre quand on le frappe. Puis, sans la moindre agressivité, il interroge la jeune femme qui, souriante, fait instantanément entendre sa voix « je m'appelle Llivia Dolores... j'habite au... ». Il se retourne vers son collègue choqué après les coups qu'il a pris et lui dit « tu vois, par la douceur on obtient toujours ce que l'on veut ». C'est un film, donc je vous laisse deviner la suite entre la jolie prostituée et l'inspecteur musclé... Bien sûr, cette situation n'a strictement rien de comparable avec ce qui se passe dans le système éducatif, du moins dans celui d'aujourd'hui. Toutefois, cela prouve que dans une ambiance détendue on obtient toujours mieux.

J'ai déplu à mes élèves, à mes stagiaires, aux collègues que j'ai formés en entreprise, peut-être autant que j'ai pu leur plaire. Mais rien ne permet de juger qu'un enseignant est bon ou mauvais sur la base d'une appréciation aussi subjective ou bien à partir de commentaires de rue ou de cour de récréation, tellement les avis peuvent être différents et souvent peu argumentés, qui plus est, quand les parents s'en mêlent.

Il faut souvent un peu de temps pour que le formateur s'adapte à ses élèves et vis-versa, et une relation difficile au départ s'améliore en général quand les individus finissent par mieux se connaître, dès l'instant que le maître du groupe cherche à œuvrer en ce sens.

Ils sont peu nombreux, j'imagine, ceux qui sont unanimement appréciés. Ceux-là ont la recette gravée en eux. Ce n'est pas mon cas et je dois faire des efforts pour tenter d'avoir une bonne relation avec mes élèves sans risque de dégradation, car être simplement sympathique avec eux n'est pas une condition suffisante, les élèves sachant profiter d'une faiblesse de leur professeur pour déstabiliser une classe. Donc il faut jauger et trouver l'attitude qui convient pour qu'un équilibre s'installe, là encore au cas par cas tellement les classes sont différentes. Il est épineux aussi d'instaurer une ambiance agréable dans une classe où les élèves refusent quoi qu'il en soit de faire le travail demandé, préférant se distraire. Globalement, ce problème n'existe pas trop en BTS, quoique de plus en plus d'élèves peu attirés par les études sont dirigés vers ces formations parce qu'aujourd'hui, même après une voie professionnelle censée déboucher sur un emploi après le bac, il est difficile de s'exempter d'un cursus supérieur, ce qui parfois n'est pas sans conséquence sur la bonne marche de la classe.

J'ai entendu des profs dire qu'ils se fichaient d'être aimés ou pas aimés de leurs élèves et qu'ils n'étaient là que pour faire leur cours. La question n'est pas de ressentir le bonheur d'être aimé, c'est simplement de rendre les conditions plus favorables pour mieux transmettre les savoirs. Après, le tempérament du professeur est là, et celui qui est sévère et froid restera sévère et froid durant toute sa carrière, mais celui-là sera peut-être estimé d'une autre manière, par la rigueur et la clarté de ses cours par exemple.

La pédagogie est bien un art. Je maintiens. Tant pis si cela irrite ceux qui cherchent à tout uniformiser dans notre technocratie souvent distante des réalités du terrain.

C'est forcément la liberté qui lui permet d'être ce qu'elle est. Sur ce plan, je n'ai pas été dépaysé lorsque je me suis lancé dans l'enseignement. J'y avais pris goût bien avant !

Dans tout domaine, la liberté est un pouvoir qui n'autorise pas à faire sans restriction ce dont on a envie. Sinon, ce serait le désordre. Elle offre seulement le droit de faire des choix. Nous ne sommes pas tous égaux face à la liberté, loin de là, pas uniquement pour en disposer, mais aussi pour ce que l'on en attend. On la trouve sous les formes les plus diverses. Mais attention, elle est particulièrement volatile. De toute façon, la pleine liberté n'existe pour personne, tout individu étant sans cesse dépendant de son environnement, sans exception, et notamment de l'influence et du poids plus ou moins forts que d'autres ont sur lui.

Pour mes activités, qu'elles soient professionnelles ou privées, elle a toujours été la priorité, là où d'autres ont besoin d'un cadre strict pour fonctionner. J'aime dans l'absolu pouvoir choisir le matin ce que je vais faire dans la journée, quand d'autres ont besoin d'un agenda précis rempli longtemps à l'avance. Cela ne m'empêche pas de m'engager dans des projets étalés dans le temps et de m'y tenir avec une application constante, de m'unir à des groupes et de me soumettre aux décisions collectives.

J'ai eu la chance de la rencontrer dès le début de la vie active quand une entreprise m'a donné carte blanche pour développer sur mesure son informatique et former le personnel à son utilisation, à l'époque où les logiciels vendus prêts à l'emploi par des éditeurs étaient encore peu répandus. Mais bénéficier d'une véritable marge de manœuvre entraîne en contrepartie d'importantes contraintes, pas simplement en matière de résultat mais aussi en quantité d'efforts à fournir.

Dès mon enfance, je n'ai presque été entouré que de gens indépendants et libres, qui ont beaucoup travaillé mais un peu comme ils en avaient envie. Cela a facilité l'accouplement. Après tant d'années, je ne voulais pas m'en séparer. Je suis trop fidèle, même si je me méfie d'elle !

C'était parfait avec l'enseignement, mélange de liberté et de contraintes : le calendrier est imposé, les programmes le sont aussi, mais en même temps, outre la possibilité dans certaines limites de choisir la manière de faire cours, on peut préparer ces derniers quand on le souhaite, les illustrer comme on en a envie, corriger ses copies pourquoi pas un dimanche à deux heures en rentrant d'une soirée. On peut aussi modifier le matin même ce que l'on avait prévu de faire avec une classe durant la journée, changer des priorités. Tout cela sans avoir recours à quiconque, bien que les profs soient de plus en plus amenés à collaborer sur des actions, sur des projets, ce qui nécessite de se conformer à des décisions communes. D'autre part, entre deux visites d'inspecteur, c'est à dire pendant plusieurs années, un titulaire, derrière la porte fermée de sa salle de classe, n'est observé par personne, à part par ses élèves, dès l'instant que des problèmes ne remontent pas jusqu'à ses supérieurs auprès desquels il devra simplement se justifier, à moins de faute grave. Un contractuel n'est pas non plus observé entre deux visites, sauf que celles-ci sont un peu plus rapprochées.

Ainsi, l'enseignement est réellement un métier particulier qui ne ressemble à aucun autre dans la façon de l'exercer.

Chapitre 4

Jusqu'au premier semestre 2017, mes activités dans l'Education Nationale furent réellement comparables à la descente d'un fleuve tranquille. Je n'avais pas effectué un long parcours, mais il était suffisant pour que je puisse apprécier à la fois cette administration à laquelle je n'avais rien à reprocher, les classes qui ne me causaient guère de souci à part quelques remous qui ne m'ont néanmoins pas fait chavirer et les collègues titulaires qui globalement ne font pas de discrimination envers les contractuels et avec qui des liens se tissent très rapidement dans les salles des professeurs. De toute façon, sur ce point, le statut de chacun n'est affiché nulle part et que l'on soit titulaire ou contractuel, la tâche est identique.

Hormis ces remous liés à deux classes avec lesquelles j'ai souvent été en conflit durant une année entière, je ne me plaignais sinon que de détails, parce que ça fait toujours du bien de se plaindre, des détails qui ne dépassaient pas le stade de la gestion de classe, qu'il s'agisse d'un manque de travail des élèves ou de leur comportement. Quand on est enseignant, il est clair que l'on peut à tout moment avoir des situations difficiles à gérer face à la classe, parfois sans réelle solution, à l'opposé de mon métier d'avant où les relations était de nature assez prévisible et rarement tendues, et où quasiment tout avait sa solution. Je ne pense pas qu'un seul enseignant en France puisse dire qu'à chaque instant de sa carrière, tout est allé vraiment pour le mieux avec ses élèves, même dans les établissements les plus "cotés". Pour ceux qui ne supportaient pas l'inopiné, l'agitation et les cas quelquefois impossibles à résoudre, cette voie-là n'était pas la plus appropriée.

J'étais conscient d'être un privilégié quand on sait ce que subissent certains d'entre nous dans des quartiers compliqués, et pas que dans ces quartiers, caché trop de fois derrière une loi du silence qui est la conséquence d'une absence de remède ou d'une volonté de ne rien bousculer, sinon minimisé par naïveté, doublant ainsi la souffrance des victimes et ouvrant encore plus grand la porte des difficultés ou des incivilités.

Je ne me sentais pas non plus surchargé de boulot, comparativement aux profs d'autres matières, peut-être simplement parce que c'était un début où je prenais du plaisir à peaufiner mes préparations de cours et à corriger les copies que je bourrais d'encre rouge. Puis les notions à enseigner et les exercices étaient assez basiques par rapport à ce que j'ai connu en milieu professionnel.

Ayant essentiellement des BTS, ces formations bac+2 orientées métier pour un titre de technicien supérieur, je savourais aussi cette fin des classes un mois plus tôt que les autres, puisque les examens ont lieu mi-mai pour les élèves de deuxième année, pardon les étudiants, c'est leur statut après le bac, et ceux de première année partent souvent en stage durant cette période des examens. On a beau aimer le contact avec les élèves, quand on ne les a plus, c'est bien aussi. Ce ne sont pas des vacances, diront les autres intervenants de BTS, car il faut surveiller les épreuves, corriger les copies, suivre les stagiaires, préparer la rentrée suivante. Oh, j'oublie sûrement un truc... Bon d'accord, mais cela offre quand même de nombreux moments pour profiter du soleil de juin ou permet simplement de rester plus longuement à table avec les chers collègues.

Qui oserait dire d'ailleurs que les profs ont choisi ce métier pour les vacances ? Personne, bien sûr !

Quoi qu'il en soit, le salaire est sur douze mois. Normal. Les enseignants, ils mangent aussi l'été. En tout cas, pas touche à la répartition actuelle, sinon il y aura inévitablement du monde dans la rue ! Ce n'est pas un cadeau de l'Etat ces vacances. Je ne m'en rendais pas compte avant, mais je peux assurer maintenant que c'est un métier souvent stressant, et sans ces coupures régulières, plus courtes sur les autres saisons, qui ne sont pas forcément des périodes non travaillées, il serait difficile de ne pas flancher. Oui, le boulot des profs ne se limite pas aux heures de présence des élèves ; c'est aussi au moins autant de temps passé en leur absence, et plus encore pour ceux qui ont peu d'ancienneté ou qui découvrent un nouveau programme. Ensuite, comme rien n'est imposé, chacun fait les préparations de cours et les corrections pendant les semaines de classe ou en garde pour les vacances. Bien qu'il soit invisible ce temps-là, et de ce fait impossible à comptabiliser, il existe et n'est pas accessoire ! C'est la particularité de ce métier de pouvoir l'exercer en partie à la maison, car les profs, quel que soit leur rang, sont des cadres de la fonction publique, dits de catégorie A, qui n'ont pas à pointer leurs heures.

Même si la longue période de congé estival offre un véritable repos, ils ne sont pas rares à l'utiliser pour préparer l'année suivante, en particulier quand des nouveautés sont annoncées pour la rentrée, ou à ne pas perdre un fil de l'actualité lorsqu'ils enseignent des matières telles que l'économie, le droit ou, dans une moindre mesure, la biologie ou la géographie. Des tâches nécessaires qui ne peuvent faire l'objet d'aucun contrôle. La liberté a un prix, toujours !

Curieusement, si j'aime aujourd'hui ces coupures régulières, autrefois, du temps de mes seules cinq semaines de congés payés, je n'en étais pas fan au point d'avoir des cumuls de semaines non prises que je me faisais payer en sus de mon salaire. Le contexte était différent ou bien je pense désormais autrement.

Jusqu'au premier semestre 2017 donc, je me considérais comme un prof heureux d'exercer auprès d'un jeune public avec lequel j'avais de bonnes relations. Mais le monde de l'éducation est un sable mouvant où sans cesse de nouvelles mesures viennent bousculer des plus anciennes, que le personnel avait quelquefois juste eu le temps de s'approprier, parce qu'on croit, là haut, que les réformes transformeront radicalement, en réussite évidemment, ce qui ne fonctionnait pas bien auparavant. Me concernant, je voyais arriver depuis un moment des changements qui ne m'étaient pas favorables. Je n'étais pas encore trop touché, malgré déjà quelques aménagements sans lourdes conséquences. Mais jusqu'à quand.

C'est en avril ou mai, pratiquement cinq ans après la signature de mon premier contrat avec l'Education Nationale, que j'ai soudain compris qu'une page allait vite se tourner. J'imaginais ce qui m'attendait et c'était loin de me plaire, craignant de devoir abandonner l'enseignement de thèmes que j'aimais et de perdre ma motivation, bien que j'étais un peu demandeur. Mais je n'avais pas le choix si je voulais continuer à avoir ma place. Je commençais aussi à ouvrir les yeux sur ce statut de contractuel qui sert de variable d'ajustement, utilisé pas uniquement pour ajuster en dernière minute des effectifs, mais surtout pour combler un manque de personnel permanent sans respecter des principes qui devraient s'imposer dans un tel cas de figure, c'est à dire en offrant au moins une garantie honorable. Si dans ma vie j'étais déjà assez bien établi ou assez confiant en moi pour ne pas trop m'en préoccuper, il y a à côté une majorité de contractuels, plus jeunes, pourtant très volontaires et impliqués, qui vivent dans l'angoisse de ne pas savoir ce qu'ils deviendront à court terme. Cette situation n'est pas non plus excellente pour fournir un travail de qualité, car ce personnel ne peut pas vivre dans l'inquiétude de lendemains incertains et en même temps assurer les cours dans les meilleures conditions. D'autant que c'est un système à répétition qui par conséquent, pour beaucoup, bride inéluctablement la construction d'un avenir familial et patrimonial. Tant pis si j'insiste, mais il me paraît important de rappeler que l'Etat s'accorde des pratiques qu'il a lui même fait interdire dans tout le secteur privé, sous peine de fortes sanctions, où il a réduit le recours à la durée déterminée au remplacement ponctuel, au surcroît exceptionnel de travail ou à la saisonnalité. Visiblement, on en est loin dans la fonction publique. "Faites ce que je dis, ne faites..." Vous connaissez la suite ! Pour faire face à ce faible égard, le contractuel a la possibilité de présenter sa candidature au concours, comme le préconisent les inspecteurs. Or cette solution n'est pas évidente pour de multiples raisons : parfois par rapport à un problème de mobilité géographique lié au conjoint, aussi parce qu'il n'y a pas de places de fonctionnaires pour tout le monde, malgré soi-disant une crise du recrutement pour certaines matières par manque de candidats. Sans oublier que le statut de contractuel est là justement pour maintenir des effectifs suffisants quand le nombre de titulaires diminue. Ce qui sera la tendance à l'avenir, si l'on en croit les fermes intentions de notre président, bien qu'il ait ensuite modéré son discours.

Un décret de 2016 améliorerait la condition des contractuels. Ils bénéficieraient des mêmes primes et indemnités que les titulaires, sauf celles explicitement réservées aux fonctionnaires. Le traitement de base reste lui, à tâche et à ancienneté égales, en principe plus bas, mais peut varier nettement d'un agent contractuel à un autre selon l'expérience professionnelle acquise hors d'un cadre scolaire.

Au bout du compte, malgré que je n'aie jamais eu de mission de courte durée, je voyais bien que je servais de bouche-trou, avec quelquefois du temps incomplet, même si à l'inverse il m'est arrivé d'avoir un peu d'heure supplémentaire. Ces dernières années, j'ai juste pu m'en sortir face à des charges personnelles élevées et à des revenus de placement qui ne sont plus ce qu'ils étaient à une époque. Mais j'ai persévéré. Je ne lâche pas prise quand je me suis engagé. N'ayant pas suivi les recommandations des inspecteurs qui m'invitaient à me présenter au concours, je ne pouvais pas attendre mieux en retour. Au tout début, une inspectrice s'était donné la peine de faire des recherches pour que je puisse le préparer confortablement. Nous avions eu plusieurs échanges en ce sens. Elle n'avait sûrement guère apprécié ma dérobade. De toute façon en devenant titulaire, dans mon cas, le bénéfice se serait limité à la sûreté et à la régularité de l'emploi. A moins de passer directement l'agrégation qui fait grimper sacrément le salaire et réduit le plein temps hebdomadaire à quinze heures au lieu de dix-huit.

Car je ne l'ai pas encore dit, mais il existe plusieurs statuts chez les titulaires. Pour l'enseignement général ou technologique, est "certifié", avec un CAPES ou un CAPET, celui qui a réussi le concours de premier niveau dans une matière ; est "agrégé", pour la même matière, celui qui a été sélectionné suite à un concours d'un niveau plus élevé. Bien que plus difficile, il peut arriver que des candidats se présentant aux deux, loupent le premier mais réussissent l'agrégation, les conditions du succès n'étant pas comparables à celles d'un simple examen ! L'agrégation est une vieille dame très robuste de plus de deux-cent-cinquante ans, créée sous l'ancien régime. Ses lauréats sont aujourd'hui censés enseigner en lycée où ils sont mélangés aux certifiés, bien plus nombreux. Mais il peuvent aussi travailler en collège. Un agrégé ne se distingue pas d'un non-agrégé par la couleur de ses lunettes, la longueur de ses pas ou la forme de son cartable. C'est seulement en poussant la curiosité que l'on peut connaître son statut, car sa tâche est identique à celle d'un certifié et il a les mêmes classes. Il est simplement supposé être un meilleur prof que le certifié, ce qui justifie l'existence du statut. Ou du moins, il est plus pointu sur des savoirs qu'il n'enseignera peut-être jamais à ses élèves. Pour la voie professionnelle, c'est un autre concours nommé CAPLP pour

Certificat d'Aptitude au Professorat des Lycées Professionnels.

De toute façon, même si je remplis l'un des critères nécessaires pour se présenter à l'agrégation, ma chance de la réussir est quasiment nulle, car cela exige une préparation très intense, comparable à celle d'un sportif de haut niveau. Je ne suis pas assez disponible et sûrement pas assez volontaire.

Si j'avais dû tenter un concours, ça aurait été celui d'instituteur, professeur des écoles dit-on aujourd'hui. Le primaire est certainement la phase la plus passionnante de la scolarité où les élèves sont d'une grande curiosité, celle où l'on contribue à la construction des individus en leur donnant des fondements indispensables pour qu'ils s'ouvrent plus tard vers un bouquet de choix... ou se tournent hélas vers un avenir tout autre que celui qu'ils souhaitaient. Aussi dans le but qu'ils puissent servir la société avec pour chacun des rôles qui se complètent, ce côté-là étant trop souvent oublié pour laisser la place à des objectifs purement individualistes. La suite du primaire n'est faite que de reprises de ces bases pour les approfondir et d'apports additionnels assis sur celles-ci, une suite qui certes ne doit pas être négligée. J'ai bien dit "n'est faite que..." parce que le secondaire n'a pas pour vocation d'apporter les fondements que l'élève aurait dû acquérir durant le primaire. Il peut seulement les rafraîchir.

Dans l'immédiat, ce qui m'intriguait n'était pas le sort de mes collègues contractuels ni le fait de ne pas être aussi bien considéré que les agents titulaires aux yeux de l'administration, mais ce changement qui allait vraisemblablement me toucher sans tarder.

Pratiquement depuis mon arrivée dans l'enseignement, les programmes des BTS pour lesquels je suis intervenu sont modifiés les uns après les autres, le contenu de ma matière étant à chaque fois allégé ou des parties étant tout bonnement supprimées, car probablement trop théoriques, remplacées par un apprentissage plus pratique de l'informatique, en lien avec les logiciels nécessaires au métier pour lequel les élèves sont formés. Ma spécialité n'avait donc plus vraiment sa place et je n'étais plus très utile, concurrencé par des profs de gestion qui cherchaient à récupérer cette matière dépourvue dorénavant de ces notions propres aux informaticiens. Puis apprendre aux élèves à utiliser des logiciels ne me passionnait pas, même si je l'ai fait, sans rechigner. J'aimais plutôt leur parler de ce que l'utilisateur final ne voit pas : adressage, modélisation, écriture d'algorithmes, etc. Je comprends que ce n'était pas en relation directe avec les métiers auxquels ils se préparent, mais cela avait au moins l'avantage de les contraindre à réfléchir. C'était pour moi un jeu dans lequel j'essayais de les embarquer, sans trop déborder des temps prévus par le programme. Mais tous n'accrochaient pas, n'en voyant pas trop l'intérêt.

Si je voulais rester prof, je devais m'adapter en m'ouvrant sur d'autres matières, ce que j'avais commencé à faire l'année précédente avec l'étude de l'environnement économique et juridique en BTS industriel et avec une matière d'exploration en seconde générale sur les principes fondamentaux de l'économie et de la gestion. Je n'avais pas de titre particulier en rapport avec celles-ci, mais vu les fonctions que j'avais exercées en entreprises, j'avais largement ce qu'il me fallait pour transmettre cette connaissance aux élèves, élémentaire. D'autant que pour l'environnement économique et juridique en BTS, aucun programme précis n'était imposé, la matière n'étant pas présente à l'examen, ce qui fut déplorable pour susciter l'intérêt des élèves et généra ces fameux remous dont j'ai parlé en début de ce chapitre. Malgré ces difficultés, ces nouveautés à enseigner correspondaient tout à fait à la variété des tâches que j'ai toujours recherchée.

Pour l'avenir, il était évident que l'on me proposerait de glisser un peu plus vers l'économie et la gestion, d'autant que ma spécialité en informatique y était rattachée à au niveau rectoral. J'aurais aimé continuer la matière d'exploration en seconde où j'avais passé une superbe année avec des élèves curieux, éventuellement traiter de nouveau l'environnement économique et juridique en BTS, même si ce fut tendu avec des étudiants auxquels je voulais à tout prix inculquer des notions dont ils se fichaient. J'aurais vu les choses autrement l'année suivante pour tenter de les intéresser. Mais je n'ai rien eu de cela. Ce n'était pas à moi de décider. On ne pouvait me placer que là où il existait des besoins.

J'eus toutefois un espoir de conserver l'enseignement de ma spécialité, suite à une invitation à une rencontre pédagogique. Ce qui est propre aux informaticiens était en effet supprimé ou allégé dans les formations sur lesquelles j'intervenais, mais maintenu ailleurs. Or ce jour là, j'ai fait une bourde énorme qui n'a sûrement pas été à mon avantage. Déjà, je n'avais pas trop perçu le but de la convocation lorsque je l'ai reçue par e-mail, ni le thème exact de la rencontre.

Arrivé avec un léger retard, un peu évaporé, je me suis assis tout en haut de l'amphi où il y avait une quarantaine de profs réunis. Je n'étais pas le dernier. La personne qui animait avait commencé à présenter la journée et le profil des invités. J'ai rapidement compris que nous allions parler essentiellement du BTS informatique. Elle m'a même cité en me montrant, en tant que contractuel. J'étais surpris. Elle ne m'était pas inconnue, mais je n'étais pas capable de la situer. Sûrement une prof, car ces journées sont souvent animées par des enseignants. J'avais loupé les premières minutes, les plus importantes ! J'aurais dû questionner ma voisine de banc. Mais non. On voit tellement de monde entre ces rassemblements pédagogiques, les corrections de copies d'examen, les oraux où l'on interroge dans d'autres lycées, ainsi que les différents établissements dans lesquels on exerce quand on est contractuel, que l'on ne se souvient plus trop qui est qui, surtout quand on n'a pas beaucoup d'ancienneté. Sinon, dans cet amphi, je ne connaissais personne à part deux ou trois têtes que j'avais déjà vues dont une référente de la matière avec qui j'avais eu des échanges. Puis je n'étais connecté qu'à moitié ce matin-là, préoccupé par un coup de fil important que j'attendais pour une affaire personnelle.

A la pause, cette animatrice m'a causé. Il y avait plusieurs groupes de travail prévus pour l'après-midi sur des thèmes différents. Elle voulait savoir vers lequel je souhaitais me diriger. J'ai répondu sans être très précis, comme on peut le faire à une collègue, par le tutoiement évidemment car entre profs dans la sphère professionnelle, il n'y a jamais de vouvoiement. Curieusement, elle me vouvoyait.

Au moment du repas, je suis allé seul dans un parc public. J'ai tenté de résoudre mon énigme, étonné que cette enseignante me connaisse autant. En vain. Je n'avais plus qu'à interroger quelqu'un dès mon retour. Et là, en un éclair, la réponse à ma question fit remonter mes tutoiements longs comme le bras du matin, mes réponses évasives et mes postures plutôt détendues. Je ne sais plus quelle fut ma réaction exacte. Quelque chose comme « oh putain ! ». C'était l'inspectrice responsable de l'informatique, celle qui m'avait visité la première fois et que je n'avais pas vue depuis quatre ans ; nous avions seulement communiqué par écrit depuis. J'aurais pourtant dû y penser car il y a toujours l'appui d'un inspecteur lors de ces journées. Elle m'a certainement pris pour un demeuré, ou du moins un mec bizarre, ne pouvant imaginer que je ne l'avais pas reconnue. Il faut dire qu'elle était malade ce jour-là, je l'ai su plus tard, et je n'avais pas retrouvé son dynamisme habituel et son parler si direct, des repères qui ont sans doute manqué pour m'aider à l'identifier.

Après une telle maladresse, je n'ai plus jamais osé demander de mission en lien avec ma spécialité. J'avais trop honte. Elle n'aurait pas compris non plus mes explications ni mes excuses si j'avais essayé d'en fournir.

Quand bien même j'aurais été exemplaire ce jour-là, rien ne garantissait que j'aurais eu ma place à la rentrée suivante : les heures à pourvoir étaient en quantité limitée par rapport au nombre de postulants et les besoins concernaient plutôt la spécialité "réseaux" alors que j'étais principalement compétent en conception de logiciels.

Ce que j'avais fait peut paraître anodin finalement, ne changeant rien à la qualité du travail que j'étais susceptible d'apporter. Mais ici comme partout, des codes s'imposent, car le fond ne suffit jamais pour différencier les grades. Il faut aussi la forme ! Les codes aident à asseoir l'autorité. Entre un enseignant et celle ou celui chargé de le superviser, il n'y a pas de copinage, vous vous en doutez, à part si leurs chemins se sont croisés auparavant, car dans la grande majorité des cas, un inspecteur a enseigné avant d'accéder à cette fonction suite à un concours dans la grande majorité des cas aussi. Néanmoins, il est peu fréquent qu'ils se soient côtoyés avant compte tenu notamment du brassage inter-académique.

Il ne me restait plus qu'à espérer autre chose. Je n'étais pas pour autant éliminé de partout.

Un peu plus tard, en mai, j'ai été convié à une autre journée pédagogique, consacrée celle-ci aux bacs technologiques STMG qui destinent aux métiers du secteur tertiaire. Je savais qu'il y avait des besoins dans les matières d'économie, de droit et de gestion. Mais je n'étais pas enchanté pour diverses raisons. D'abord, je n'étais pas formé sur ces programmes, bien que toute cette connaissance m'eût été familière jadis avant d'être prof. Un programme scolaire, même quand il ne traite que des bases, est structuré, précis, ce qui nécessite d'en être imprégné avant de commencer à l'enseigner. Surtout que ces matières ont un coefficient élevé à l'examen, ce qui exclut les approximations. Ensuite, je ne me sentais pas assez fort pour exercer à temps complet dans ces classes, souvent surchargées et réputées agitées.

J'étais prêt à m'impliquer dans une nouvelle matière, une seule, le droit en particulier, proche quelque part de l'informatique par la rigueur qu'il impose. Par contre, il était impossible que je m'investisse en même temps dans toutes celles spécifiques à cette série de bacs. Or rien ne m'a été suggéré et je n'ai pas eu d'avis à donner. Je n'allais pas passer mon été à bosser des programmes sans savoir ce que je deviendrais.

Durant presque une décennie, dans le privé puis dans le public, j'ai rarement enseigné les mêmes programmes d'une année à une autre. Après l'informatique pour divers diplômes, les maths dans une structure associative préparant au concours d'entrée en école d'infirmières, toujours les maths mais associées à la gestion des transports dans un centre formant au BTS transport et logistique, les bases du droit, de l'économie et de la gestion en seconde et en BTS, j'allais probablement devoir encore me plonger dans de nouveaux contenus, sans les avoir désirés. J'étais fatigué, d'autant que l'on ne peut enseigner sérieusement des matières qu'en les approfondissant d'année en année, pas en changeant sans cesse, même si on y consacre toute son énergie. Un collègue qui enseigne l'économie et le droit m'a glissé « tu sais, il me faut trois ans pour m'adapter à une nouvelle matière ou à un nouveau programme : la première année, je n'en dis pas assez ; la deuxième, j'en dis trop ; la troisième, je dis juste ce qui est nécessaire. ».

Je m'étais moi-même dirigé vers un bac technologique. Dans les années 70, où l'on ne voyait la réussite et le bonheur que par la croissance économique, ce qui hélas est encore un peu le cas, la voie technologique représentait à cette époque une valeur sûre. C'était un choix, rarement une contrainte. Aujourd'hui c'est l'inverse : à l'issue de la seconde, les conseils de classe conduisent trop souvent des élèves refusés en première générale vers ces formations. Ce ne sont pas des cancres ; ils ont au pire quelques faiblesses. Bon nombre ont eu une seconde fragile, parfois après de bonnes années de collège, d'autres se sont trop divertis et n'ont pas travaillé suffisamment. Qui plus est, à partir de 2016, on a interdit le redoublement, quoique le nouveau ministre l'a pratiquement rétabli deux ans plus tard. En première techno, particulièrement en STMG, on retrouve du coup des élèves qui ont vraiment fait ce choix, bien que certains auraient pu poursuivre vers un bac général, et beaucoup d'autres qui sont peu ou pas intéressés par la formation vers laquelle on les a gentiment orientés. L'autre inconvénient est que le bac technologique limite ensuite les possibilités pour les études supérieures, parfois à l'option près. Par exemple, celui qui en STMG a pris l'option "ressources humaines" accédera moins facilement à une formation comptable que celui qui a choisi "finances". Tandis qu'un bac général ouvre des portes plus larges. Toutefois, depuis peu, les portes des BTS ainsi que des DUT, les DUT étant des diplômes proches des BTS mais préparés à l'université, ne sont dorénavant qu'entrouvertes pour les élèves munis d'un bac général, considérant que ce dernier destine à des études plus longues. En contrepartie, un nombre de places plus important en études courtes est proposé aux lauréats des bacs technologiques et professionnels. Donc finalement, alors que nous aurions plutôt besoin de souplesse, le dispositif est encore plus rigide, les lycéens, dès la première, étant engagés dans une direction dont ils pourront difficilement s'écarter par la suite. Ils deviennent des objets enfermés très tôt dans des cases. Ca me révolte ! Une réorientation est possible durant les études supérieures pour ceux qui ne réussissent pas dans le cursus qu'ils ont pris, mais en pratique ces possibilités sont limitées.

Lorsque je débats avec des profs de seconde de cette orientation quasi forcée vers le technologique, ils me disent « mais que fait-on des élèves qui ne peuvent pas aller en première générale ? ? ». Eh oui, c'est un problème dans un système scolaire qui ne peut apporter la bonne solution à tout le monde. La voie technologique, tout aussi valorisante que la voie générale, ne devrait s'ouvrir qu'aux seuls élèves qui ont déjà des projets robustes dans ces spécialités. Beaucoup en seconde, pas sortis de l'adolescence, ne savent pas encore ce qu'ils veulent faire. Il ne faudrait rien imposer à ceux-là, seulement les guider.

Au lieu de les envoyer où ils ne souhaitent pas aller, il serait préférable à mon sens qu'ils continuent plus longtemps vers un acquis général, avec des exigences adaptées aux capacités de chacun, associé à une découverte des différents secteurs d'activité. Une formation générale solide rend toujours plus fort ensuite. C'est peut-être utopique et trop difficile à instaurer, mais ce que l'on a est loin d'être satisfaisant. D'autant que l'ascenseur social, plus tard dans la vie active, ne fonctionne plus comme avant pour ceux qui n'ont pas un niveau général suffisant à la base.

D'un autre point de vue, le système scolaire ne peut pas non plus se plier à tout, sans quoi trop d'élèves se laisseraient porter, alors que l'objectif de l'école c'est aussi de préparer chacun à la rudesse de la vie. Faudrait-il tout simplement un plus juste équilibre.

Quoi qu'il en soit, j'étais visiblement sur le chemin de la série STMG. J'attendais de voir la suite.

Des semaines ont passé, les mois d'été aussi. Comme chaque année, il faut atteindre les derniers jours d'août pour savoir si un poste sera proposé pour la rentrée. Je ne déteste pas ce côté pochette surprise, tout de même un peu angoissant.

Le dernier vendredi du mois, en fin d'après-midi, le Rectorat m'a téléphoné. Je n'avais pas entendu la sonnerie et le service était fermé quand j'ai vu l'appel. On m'avait contacté, c'était l'essentiel. Le message disait seulement de rappeler.

L'information est tombée le lundi : STMG, je m'en doutais ; ces classes à plein temps, c'était moins drôle ; aucune précision sur les matières à enseigner ; et pour couronner le tout, à quatre-vingt-dix kilomètres de chez moi. De plus, c'était pour un besoin à l'année, mais le contrat n'était établi que jusqu'à fin octobre à la demande de l'inspectrice qui souhaitait faire le point plus tard. Je n'appréciais guère ce montage, mais tout devenait tellement compliqué que je n'ai pas cherché à voir plus loin sur cette modalité.

Plus tard, le lycée m'a donné quelques indications, en particulier que mon temps de présence serait réparti sur trois jours par semaine. C'était le petit avantage. Sur quatre jours, cas le plus courant, j'aurais peut-être hésité à accepter le poste, surtout qu'aucun hébergement n'était possible dans le lycée. Je n'aurais pas loué une chambre dans cette ville, superbe, mais où tout est hors de prix. Pour les matières, je n'ai pu avoir aucun détail. C'était pourtant mon inquiétude majeure. Je devais patienter jusqu'au jour de la pré-rentrée, le vendredi, pour en connaître la répartition. Ma question n'avait pas de sens : le lycée avait demandé un prof de STMG, il attendait un prof de STMG ! Pour lui, c'était aussi naturel que l'entreprise qui recrute un maçon et qui ne s'attend pas à voir arriver un plâtrier ou un carreleur, même si ces deux là ont déjà monté des murs.

Pour le déplacement, la SNCF m'emmenait de chez moi, à deux pas d'une gare, jusqu'au lycée, avec un peu d'attente pour une correspondance, puis dix minutes de marche, pour un total de deux heures environ, le matin comme le soir. Dans cette affaire, le temps de transport n'était pas le plus gênant, l'essentiel du trajet se faisant dans un train confortable où je pouvais travailler, éventuellement me reposer. Ce n'était pas moins long par la route, à cause d'embouteillages quasiment du départ jusqu'à l'arrivée. De toute façon, il était hors de question que j'utilise la voiture, compte tenu que j'ai toujours privilégié les transports en commun, un mode de déplacement que je n'ai cessé de défendre.

La pré-rentrée est un moment qui revêt une grande importance.

C'est un point de départ, la charnière entre des vacances qui se terminent et une nouvelle année qui démarre, un jour sans les élèves, presque le seul, où tout le personnel est réuni. Les tenues d'été sont encore de sortie, montrant ostensiblement des peaux dorées, et chacun autour d'un jus d'orange ou d'un café raconte un petit bout de ce qu'il a fait durant les deux mois qui viennent de s'écouler. Les nouveaux sont accueillis chaleureusement et on oublie déjà ceux qui ont quitté définitivement le lycée début juillet. Avant même l'entrée dans la grande salle polyvalente, où l'équipe de direction entamera un discours, on entend ça et là parler des classes, des projets, des difficultés aussi.

J'ai rapidement fait la connaissance de plusieurs personnes. J'étais surtout impatient que l'on nous distribue les emplois du temps individuels. Ils sont arrivés sans tarder.

Mes horaires étaient bien répartis, mais le contenu était démoralisant. Forcément, j'avais ce qu'il restait après que les titulaires se soient servis lors de vœux exprimés en juin. Je ne pouvais pas leur reprocher. J'intervenais dans quatre classes sur les sept de STMG du lycée, une première et trois terminales, et sur quatre matières, dont l'économie et le droit. Evidemment, pas quatre matières dans chaque classe : un temps plein, ce n'est que dix-huit heures par semaine en face à face avec les élèves.

La tâche était énorme et je partais de zéro. J'étais loin d'une seule matière de STMG dans laquelle j'aurais vraiment pu m'impliquer, quitte à en avoir une deuxième l'année suivante. Je découvrais cet emploi du temps le vendredi et je n'avais strictement rien pour commencer les premiers cours trois jours plus tard, à part le programme de chaque matière que je pouvais consulter sur Internet. Je ne savais pas par où démarrer. Je n'avais aucun manuel. Je devais m'adresser aux éditeurs pour obtenir un spécimen et les recevoir au mieux au bout de deux semaines, sachant qu'à la demande de l'équipe pédagogique, les élèves devaient plus ou moins suivre une progression à partir de ces supports qu'ils avaient achetés. Rien ne m'empêchait de faire des photocopies mais il me fallait aussi la version destinée au professeur. Pour préparer mes cours, on m'a bien montré une armoire où chacun délaisse les livres dont il ne se sert plus, sauf qu'il s'agissait d'éditions anciennes pour la plupart, difficiles à exploiter. Des collègues ont proposé de me prêter leurs cours construits au fil du temps, mais ce n'était pas la solution : j'avais besoin de rédiger mes propres cours pour pouvoir me familiariser avec le contenu.

Les premières semaines furent infernales. Pour chaque séance devant les élèves, je parvenais tout juste à terminer mes préparations. Je me couchais rarement avant une ou deux heures du matin et me levais très tôt les jours de lycée afin de prendre un train d'avance pour être sûr d'arriver à temps en cas de retard de la SNCF. La fatigue s'est vite accumulée mais je tenais le coup. Jusqu'à quand ? A cela s'ajoutait du chahut dans certaines classes que j'aurais mieux gérées dans une situation normale. Les élèves ressentaient forcément ma fragilité. J'illustrais énormément les cours à l'aide d'exemples issus de mon expérience professionnelle et personnelle, ce qui me permettait de palier des difficultés et plaisait finalement aux élèves, plus attentifs durant ces moments-là.

Les loisirs étaient peu fréquents et mon entourage en avait marre de me voir occuper les week-ends à potasser.

Mi-octobre, j'étais réellement à saturation, d'autant qu'un souci de santé, sans gravité mais nécessitant une petite intervention chirurgicale, n'arrangeait rien. A cela s'est ajoutée l'annonce de la visite imminente de l'inspectrice.

Je n'ai pas résisté plus longtemps. J'ai craqué et ai dû m'arrêter... le jour où cette charmante dame devait m'observer. Elle a pensé que je fuyais sa visite, cela ne faisait aucun doute ; j'aurais supposé la même chose à sa place. Sans cela, je me serais efforcé de tenir jusqu'aux vacances, moins d'une semaine plus tard. Mais cette inspection, qui nécessitait à la fois un surcroît de travail, eh oui encore un, et d'être en pleine forme, était le coup de trop. Ma mine pâle et mes cernes n'étaient pas de circonstance.

Je lui ai écrit plus tard pour m'excuser et lui expliquer mon état dû à un ennui de santé, précisant que je tenais à sa disposition le certificat du médecin relatif à l'intervention faite en début des vacances. J'avais besoin de réduire l'incendie ! Je n'ai pas parlé de la cause essentielle de l'épuisement, car du peu que je savais d'elle, elle n'était pas du genre à écouter ces arguments, qui auraient inévitablement joué en ma défaveur. Elle connaissait la situation dans laquelle elle m'avait placé. Je n'aurais pas eu sa pitié. C'était à moi de combattre ces difficultés et de faire surface.

Chapitre 5

L'inspection n'ayant pas eu lieu fin octobre suite à l'arrêt de travail, je me doutais que ce ne serait que partie remise en novembre, en décembre, peut-être durant le second trimestre, me laissant ainsi un peu de temps pour mieux me préparer.

J'étais tout de même un peu tourmenté par mon contrat qui ne courait que jusqu'au dimanche 5 novembre, dernier jour des vacances, ce qui déjà n'était pas légal, je l'ai su plus tard, compte tenu que ce poste couvrait un besoin à l'année, d'autre part, aucune période d'essai ne pouvait m'être imposée au regard de mon ancienneté.

A l'issue de presque trois semaines d'un repos entrecoupé de séances studieuses, j'avais enfin retrouvé la forme physique d'avant la rentrée scolaire. Pour le moral, c'était autre chose.

Le 6 au matin, je n'avais toujours pas reçu de consigne

particulière. J'étais dans un flou total. Je me suis rendu au lycée et j'ai repris mon travail comme si de rien n'était, sans contrat cette fois. Je suis monté directement dans la salle de classe en prenant garde de ne rencontrer aucun personnel de direction et j'ai accueilli les élèves sans changer quoi que ce soit dans les habitudes. J'ai pris soin de faire une image-écran de la feuille d'appel ouverte sous mon identifiant afin de pouvoir prouver ma présence si nécessaire. J'étais enfin rassuré, l'administration n'ayant dès lors d'autre choix que de se conformer à ses obligations. Mais lesquelles ? Cela dit, je ne voyais pas ce qui aurait pu entraver cette suite logique, hormis la colère de l'inspectrice de n'avoir pu m'observer avant l'échéance de mon contrat, d'autant que j'aurais trouvé un autre professeur à ma place si l'intention était de me remplacer. Mais j'ai préféré prendre des précautions.

Dès la première pause, je suis parti à la rencontre du proviseur pour lui demander mon nouveau contrat, normalement adressé au lycée par le Rectorat, en vue de le signer. Il n'avait rien reçu, mais m'a annoncé que j'allais être inspecté durant la semaine, sans pouvoir me préciser quand. Elle ne me lâchait pas ! Il s'agissait donc d'une inspection surprise, ce qui n'est pas courant, les enseignants étant prévenus du jour et de l'heure d'une visite.

J'ignorais quel sort m'attendait, je la connaissais si peu, mais pour le moins, ça ne sentait pas bon du tout pour moi. Sur les dix-huit heures du plein-temps hebdomadaire face aux élèves, il en restait dix-sept jusqu'à la fin de la semaine, soit dix-sept possibilités d'entendre la porte s'ouvrir puis d'apercevoir sa silhouette ou celle du proviseur qui l'accompagne, sachant que ces personnes ne frappent jamais avant de tourner le loquet. C'est l'usage.

Il est clair que je ne pouvais pas fournir pour dix-sept cours, tout au moins pour une douzaine puisque j'avais aussi des cours de deux heures, toute la paperasse qu'elle demandait, quelques documents étant propres à chaque séance. Je ne savais même pas ce que certains documents devaient réellement contenir et il était hors de question de me faire aider de collègues, préférant garder ce précieux soutien pour des tâches qui me tenaient plus à cœur. Toutes ces formalités, courantes dans la fonction publique, commençaient à m'insupporter. Lors de mes deux précédentes visites, avec deux autres inspecteurs, concernant les pièces à présenter, la première fois tout allait bien et la seconde rien ne convenait alors que je m'étais basé sur ce que j'avais produit la fois d'avant.

Je n'avais plus envie de me préparer pour faire en sorte que tout soit bien apprêté, comme depuis la nuit des temps pour une telle circonstance. J'aime être naturel, que l'on reste soi-même quelle que soit la situation. La qualité d'un individu se mesure à ce qu'il fait et à ce qu'il est tous les jours, pas dans une photographie prise en studio où il n'a cherché à montrer que le meilleur de lui-même, et où le cliché obtenu peut quelquefois être plus mauvais que ce que l'on voit de lui les jours ordinaires. Mais je n'avais pas le choix.

Durant toute la semaine, je devais bannir mes petites plaisanteries pour ne pas risquer déclencher un rire des élèves au moment de son arrivée, faire en sorte de ne pas avoir une seule minute de retard, ce qui n'est pas toujours possible lorsque l'on doit changer de salle, éviter tout bavardage avec eux. Je devais aussi prévenir chaque classe de sa visite éventuelle et demander aux élèves de bien se tenir. Toutefois, il paraissait évident que sur cette inspection surprise, j'avais peu de chance de m'en sortir, déjà que dans des conditions normales, je perds facilement mes moyens lorsque je suis observé. A la précédente visite, l'inspecteur avait rapporté au personnel de direction du lycée que je bafouillais. Oui en effet je bafouille et je cafouille lorsqu'une une personne d'une grande froideur s'installe au dernier rang et, sans trop lever les yeux, note sur son ordinateur portable ce que je dis et fais ! Franchement, je n'avais jamais été confronté à une telle situation depuis le début de ma vie active. Face à ce stress, je ne suis pas un cas à part. Combien de fois ai-je entendu des collègues dire qu'ils avaient eu le ventre serré pendant plusieurs jours avant une inspection. Nous nous souvenons tous, quand nous étions élèves, des profs dont la mine n'était plus la même quand ils étaient inspectés, de leur crainte que nous n'ayons pas une attitude parfaite, que nous ne participions pas assez et ne répondions pas correctement aux questions posées. Il y avait en général la boîte de bonbons promise pour le lendemain.

Chez les titulaires, l'inspection assortie d'une note a été abolie en 2017, pour faire place à un nouveau mode d'évaluation appelé rendez-vous de carrière, qui auront lieu tous les sept ans, paraît-il moins infantilisants. La note est remplacée par un avis. Par ailleurs, l'enseignant bénéficiera désormais d'un accompagnement tout au long de son parcours. Par contre, chez les contractuels, l'inspection à l'ancienne est toujours en vigueur, sans note toutefois. Ils seraient même évalués plus fréquemment, ai-je pu lire.

Ainsi, cette visite surprise approchait. Mais je ne me doutais pas encore de ce qui allait se produire avant que se termine cette semaine exceptionnelle : l'imprévisible peut parfois perturber le processus d'un événement bien orchestré et amplifier ou au contraire atténuer une issue à laquelle on s'attendait.

J'avais ce service à plein temps sur plusieurs matières que je n'avais jamais enseignées, à part l'une d'entre elles pendant quelques mois l'année précédente sur un remplacement de congé maternité que je partageais avec une collègue. Ce que j'avais fait une autre année avec des secondes et des BTS sur des notions économiques et juridiques était bien différent. De surcroît, malgré mon expérience, je n'étais pas spécifiquement formé sur ces domaines. Par conséquent, elle savait très bien que j'étais face à une mission très compliquée et que beaucoup dans mon cas auraient sûrement abandonné, surtout que deux mois seulement s'étaient écoulés depuis la rentrée scolaire, ce qui n'était pas suffisant pour que je fasse surface. Cherchait-elle simplement à me virer parce qu'elle avait déniché le profil qu'elle n'avait pas trouvé fin août ? Ce n'est pas improbable. C'est du moins ce qu'a imaginé plus tard un représentant syndical, habitué à débusquer des situations tordues. Elle seule le sait !

Jusqu'au vendredi, après que le proviseur m'ait prévenu de l'inspection, il n'aurait dû me rester que seize heures de cours au lieu des dix-sept, ayant reçu quelques semaines plus tôt une convocation de sa part pour une réunion qui tombait pendant mon cours de treize heures à quatorze heures ce mardi-là. Une collègue, invitée aussi, m'avait indiqué que cet horaire était banalisé pour les profs conviés, c'est à dire que les cours étaient supprimés. J'en ai vaguement parlé aux élèves en leur précisant que je devais avant tout me rapprocher du proviseur pour savoir si je devais l'annuler ou le maintenir.

Je l'ai questionné dès mon arrivée le mardi matin. Ne se souvenant pas de m'avoir convoqué et estimant que cette réunion ne me concernait pas directement, il m'a demandé d'assurer le cours tout en me glissant qu'il n'était pas impossible que je sois visité à ce moment-là. J'avais compris ce qu'il voulait me dire, mais le peu de temps restant ne pouvait guère m'aider à mieux me préparer.

La séance était donc maintenue mais je n'ai pas jugé utile de le faire préciser aux élèves par le service de la vie scolaire puisque par défaut, tant qu'ils ne sont pas informés officiellement d'une annulation, ils doivent se rendre en cours. J'aurais pu par sécurité faire passer le message par leur professeure principale, mais je n'y ai pas songé, ayant une toute autre préoccupation en tête, jusqu'à ce qu'une ou deux élèves passant dans le couloir m'interpellent : « Eh msieur, on n'a pas cours avec vous alors cette aprèm ! ».

J'ai aussitôt réagi : « Mais si mais si, vous avez cours ! » ;

- « Mais non msieur, vous nous nous avez averti hier que le cours était annulé. » ;

- « Ah mais pas du tout ! J'ai simplement indiqué qu'il serait peut-être annulé mais qu'il fallait d'abord une décision du proviseur. Surtout, dites bien aux autres qu'ils ont cours avec moi à une heure ! ».

Puis elles ont filé et je n'ai pas eu le temps de leur parler de l'inspection. « Ouf, heureusement que ces filles m'ont posé la question ! », me suis-je dit.

Ce fut la course ce jour-là pour vite acheter en ville de quoi grignoter, respirer un bon bol d'air frais et revenir au lycée avec un peu d'avance.

Sans traîner, j'ai pris mon cartable dans la salle des profs et je suis parti d'un pas décidé vers la salle de classe. Une collègue de français, debout devant la machine à café, m'interpella :

- « Holà, t'es bien pressé Xavier aujourd'hui ! » ;

- « Oui, je je me dépêche car je pense être inspecté. » ;

- « Tu penses ?? Bon hé bien bonne chance alors ! » ;

Soudain, juste en quittant le bâtiment principal pour rejoindre celui dans lequel j'intervenais, j'ai aperçu plus loin l'inspectrice et le proviseur déjà en route. J'ai accéléré le pas pour les dépasser, je me suis arrêté un court instant pour la saluer et j'ai vite couru jusqu'à l'étage afin de faire entrer les élèves. Déjà, mon déplacement au galop ne donnait pas une bonne impression, mais je ne pouvais pas faire le trajet à côté d'elle !

Hélas, il n'y avait pas un seul élève au bout de ce long couloir où ils étaient censés m'attendre ; j'étais toutefois légèrement en avance. J'ai ouvert la porte, retiré les rideaux pour faire pénétrer la lumière, allumé l'ordinateur et lancé ma session prêt à faire l'appel. L'inspectrice est entrée et s'est installée tout au fond, sans dire un mot, sans la moindre expression sur son visage, sans me regarder. Le proviseur est reparti, sans doute à sa réunion. Quelques minutes plus tard, cinq ou six élèves sont arrivés. Une fille, incroyablement à l'aise comme à son habitude, me dit tout haut « oh vous vous êtes fait beau monsieur, c'est pour recevoir la dame ! », ma tenue étant pourtant semblable à celle des autres jours. Je n'ai pas répondu et l'inspectrice n'a pas levé la tête. Je sentais le pire, d'autant que les autres élèves ne venaient pas. Je commençais à paniquer. « Où sont-ils ? Allez les chercher ! Dépêchez-vous ! » Personne n'était au courant ou ils ne voulaient simplement pas dire que leurs camarades séchaient le cours. Après qu'ils aient passé quelques textos, d'autres élèves ont rappliqué au compte-gouttes, l'un d'eux lançant des vannes ridicules sans même s'apercevoir de la présence de l'inspectrice qui ne réagissait toujours pas, figée sur son dossier comme si un mur la séparait du reste de la salle. Après dix minutes, dix très longues minutes, j'ai eu enfin un effectif presque complet. J'ai fait l'appel puis mon cours tant bien que mal avec quelques élèves vautrés sur leur bureau, que je me permettais de reprendre d'habitude mais à qui je n'ai rien su dire ce jour-là. La catastrophe !

L'heure suivante, où j'avais d'ailleurs un creux dans mon emploi du temps, fut réservée à l'entretien, qui ne dura qu'une quinzaine de minutes. J'ai commencé par vouloir lui expliquer les raisons de cette pagaille du début de cours. « Taisez-vous ! », me dit-elle. J'ai insisté en reprenant le début de mon explication. « Je vous ai dit de vous taire ! ». Elle s'est assise face à moi, m'a fait un monologue de reproches sur un ton que je ne saurais qualifier : que j'avais soigné ma tenue pour la recevoir, que j'arrivais juste à l'heure pour l'inspection, que je n'avais aucune autorité, que je n'avais pas écrit le titre de la leçon en haut du tableau, que je ne fichais rien en dehors de ma présence au lycée, etc. Tout y est passé jusqu'à me dire que les proviseurs des différents lycées dans lesquels j'avais exercé avaient été complaisants en me faisant de bons rapports de fin d'année. Pendant ce flot de paroles, je n'ai pas prononcé un mot, pas un seul. Elle s'est levée tout en m'indiquant qu'elle ne renouvelait pas mon contrat et a quitté la salle sans la moindre salutation.

Je n'étais pas effondré, simplement furieux de ce gâchis après de bonnes années. J'ai tourné pendant un quart d'heure autour des bureaux vides et je me suis assis, les jambes allongées, enfoncé dans la chaise. J'ai attendu la fin de l'heure sans bouger.

J'avais besoin de parler et dès la sonnerie, je suis sorti pour raconter ma mésaventure à une collègue dans une salle voisine. Elle n'en revenait pas, mais sa réaction était naturelle car un titulaire peut au pire recevoir un énorme savon, jamais cette sentence au nom de la garantie de l'emploi des fonctionnaires. Puis j'ai aussitôt accueilli mes élèves du cours suivant en essayant d'afficher un air radieux. Je savais qu'il me fallait au moins une nuit pour digérer ce que j'avais subi, mais j'étais certain que dès le lendemain je n'allais pas en rester là, sans savoir encore comment je réagirais. Tellement déçu, je ne ressentais de toute façon plus le désir de refaire une seule année avec l'Education Nationale, même en retrouvant les conditions que j'avais connues les années antérieures : ce fut dans ma tête comme une cassure soudaine et complète, qui ne s'est d'ailleurs pas ressoudée par la suite tant la rancœur était profonde. Par contre, je souhaitais pouvoir terminer l'année scolaire car il n'est pas de mon style de partir perdant ! Je n'étais pas prêt non plus pour démarrer dans la foulée une autre activité.

L'inspectrice voulait mon départ immédiat ; le proviseur, surpris de cette décision, lui a demandé qu'un préavis me soit accordé.

Dès le mercredi, j'ai pris mon dossier en main. J'ai épluché les lois, les décrets, les circulaires, les bulletins officiels, les jurisprudences, pour vite me rendre compte que rien n'était régulier : contrat illégal avec clauses non conformes, établi sur ses ordres, alors que le Rectorat, bien plus tard dans un e-mail qu'il m'a adressé, mettait ces fautes sur le dos des services administratifs. Ce sont eux pourtant qui m'avaient informé fin août que ce contrat de courte durée était demandé par l'inspectrice qui souhaitait pouvoir faire le point plus tard et elle a elle-même précisé lors de l'entretien qu'elle décidait des conditions. Identifier le responsable était sans importance pour ma défense, mais j'étais heureux de savoir que les fautes incombaient à celle qui décida de me déloger.

En somme, aucune période d'essai ni aucune durée inférieure à l'année scolaire n'était autorisée dans mon cas. Il restait à formuler des arguments en vue de renverser la situation sur le plan des obligations contractuelles. J'avais aussi l'appui du représentant syndical. Ces gens savent en général apporter de petites phrases bien saillantes, utiles en complément d'une argumentation juridique.

Durant deux ou trois jours, ce fut le calme plat. J'ai attendu patiemment sans rien réclamer et j'ai continué à assurer mes cours, toujours sans contrat. Puis ce fameux document avec préavis, bizarrement daté d'avant l'inspection, est arrivé. Je l'ai récupéré sans le signer et l'ai précieusement conservé. C'était à mon tour de jouer !

Je me suis aussitôt adressé au Rectorat, le priant d'établir un contrat conforme au droit en vigueur, couvrant par conséquent l'année complète. En cas de refus, l'étape suivante était le Tribunal Administratif. Mais j'étais convaincu de ne pas devoir aller aussi loin. Evidemment, je n'ai pas évoqué cette suite possible dans la lettre, tout en étant ferme.

Ce courrier, recommandé, est resté sans réponse.

Le temps passait. Rien ne venait. Et un matin, fin novembre, alors que je discutais en salle des profs, détendu et ne pensant presque plus à mon affaire comme si tout était normal, persuadé que le Rectorat n'avait que le choix du repli, ce matin là donc, le proviseur s'est avancé vers moi pour me proposer de signer un contrat qu'il venait de recevoir. Le suspense, car je n'étais pas à l'abri d'une mauvaise surprise malgré mes certitudes, n'a duré que quelques secondes jusqu'à ce qu'il m'annonce le contenu, avec un très léger sourire qui ne dévoilait rien de ce qu'il pouvait penser : cette nouvelle convention annulait et remplaçait tout document établi depuis le premier septembre et avait pour échéance le trente-et-un août. Pas besoin de saisir le tribunal, je pouvais ranger les armes que j'avais minutieusement préparées !

Je n'ai pas voulu parler de victoire ni de reculade du camp adverse. J'avais obtenu gain de cause. Tout simplement.

De leur côté, les quelques élèves qui s'étaient mal comportés se sont excusés après avoir été sermonnés par leur professeure principale. Mais cela ne changeait rien. C'est toujours facile les excuses ! Je suis resté froid avec eux pendant une ou deux semaines. Puis j'ai oublié et j'ai continué l'année comme si rien ne s'était produit.

J'étais en sécurité jusqu'à la fin des vacances d'été, le temps de réfléchir à autre chose. Il restait quand même le côté pédagogique pour lequel j'avais l'impression de perdre une crédibilité. Mais j'avais un soutien de taille, celui de bon nombre de collègues, et ma blessure fut vite soignée. J'avais entamé une démarche en vue d'une révision de cette appréciation dégradante de l'inspectrice, de ce procès que je trouvais injuste, même si je dois reconnaître que je n'avais pas été brillant ce jour-là. Pour conduire ma défense, je disposais d'un dossier solide composé d'éléments en ma faveur. Mais, dégoûté après les efforts que j'avais fournis depuis mes débuts avec l'Education Nationale, j'ai préféré abandonner ma démarche, ne ressentant plus le courage de rester, en particulier de me replonger l'année suivante dans ces matières, sans rapport avec celle que j'étais venu enseigner au départ, ni l'envie de retrouver des classes de bac technologique sympathiques mais parfois turbulentes, surchargées de surcroît, sans accuser directement les élèves qui sont aussi les victimes d'un système scolaire pas toujours adapté face à une société qui évolue. D'autre part, quand on a sommé son employeur de corriger ses fautes, il y a peu de chance qu'il ait envie de renouveler une relation. Mais je n'avais pas eu le choix, sans quoi, au lieu de terminer l'année, je me serais retrouvé dehors avant la nouvelle lune.

Dans une vie professionnelle, on a tous à un moment ou à un autre un passage difficile. Je n'ai pas été épargné en plus de trente ans. Qui plus est, ce sont des risques auxquels on est confronté lorsque l'on veut de la diversité. Je m'en suis remis à chaque fois, c'est essentiel. En revanche, cela m'a permis de connaître de belles périodes faites de passion dans mon travail, que je n'aurais probablement pas vécues dans une carrière plus classique, plus routinière.

Si cette affaire ne m'a pas plongé dans un profond embarras, je compatis avec celles et ceux qui à un tournant de leur vie ne supportent plus ce qu'ils font, souvent à cause de classes trop difficiles, et doivent continuer ce métier pour pouvoir payer les factures, parce qu'ils enseignent des matières qui ne leur offrent pratiquement pas d'autre ouverture. Dans une grande souffrance, bien qu'assez discrets, ils se sentent isolés d'une administration qui ne cherche pas à les protéger ou qui n'en a pas les moyens. Il faut pourtant qu'ils parlent, qu'ils s'unissent pour décrire ce mal-être.

On a beau dire que l'on change plus facilement de métier aujourd'hui qu'avant, c'est certainement loin d'être une réalité pour beaucoup tellement les métiers demandent des aptitudes de plus en plus pointues et ciblées. Que dire à un jeune qui veut se lancer dans une voie, si ce n'est de bien réfléchir à celle dans laquelle il souhaite s'engager, sachant qu'au bout de quelques années, de quelques décennies, si ça ne va plus, il ne sera pas toujours aisé de trouver une porte de sortie, du moins décente. Mais on ne peut pas savoir d'avance comment un contexte évoluera et pas non plus débuter une carrière dans le pessimisme ou dans la crainte.

Pour ma part, plutôt que de me battre pour tenter d'être reconsidéré, j'ai choisi une option plus radicale et destructrice de tout espoir, celle d'écrire à l'inspectrice ce que je pensais de sa façon d'agir. Cela m'est venu soudainement, quelques semaines après cette visite malheureuse. J'ai pris mon clavier et deux heures plus tard, après une longue page d'écriture, j'ai vite cliqué sur "envoyer" pour ne pas me laisser le temps de revenir sur ma décision. Je lui ai fait remarquer entre autres à quel point j'étais étonné qu'un cadre supérieur chargé de vérifier si le droit est correctement enseigné, puisse se plier aussi peu à ses règles. Sur le fond, cela ne m'apportait rien, mais c'était une manière de me faire plaisir en la blâmant à mon tour. Sans effet à mon avis ! Quoique mon culot n'est pas passé inaperçu : je m'adressais à une personne, juste en dessous du Recteur, à qui je devais le plus grand des respects, si bien que l'adjoint de ce dernier s'en est mêlé et m'a fait savoir que je n'avais aucune légitimité pour m'adresser à cette personne de cette façon et pour juger de ses qualités. Parce que dans notre pays, et ailleurs sûrement aussi, où les grades et la hiérarchie sont profondément ancrés, il ne faut surtout pas dire d'un supérieur, qui plus est, à lui directement, qu'il ne l'est peut-être pas autant que ses galons veulent le laisser croire. Après, je ne remets nullement en cause toute compétence de cette dame, ni son sérieux, ne la connaissant pas assez.

Voilà, j'étais soulagé... et définitivement grillé ! En mars ou avril, j'ai tout de même rempli la fiche de vœux pour le mouvement des contractuels qui permet d'indiquer ses préférences pour l'année à venir. Comme si de rien n'était.

Je n'ai pas raconté ma mésaventure aux élèves de mes différentes classes, vous vous en doutez, bien qu'ils aient voulu savoir comment s'était déroulée l'inspection. Je leur ai seulement confié quelques détails, des trucs sans importance, notamment qu'elle m'avait reproché de ne pas avoir écrit le titre de la leçon en haut du tableau. Cette histoire du titre au tableau est devenue un amusement pour le reste de l'année, en particulier pour l'une de mes terminales : lorsque je tardais à écrire le titre, j'avais droit à « Eh monsieur, attention elle va venir ! » ; lorsque je m'empressais de l'inscrire en début de cours, c'était plutôt « mais c'est pas vrai, elle l'a vraiment traumatisé ! Arrêter monsieur de flipper ! ».

Puis l'année s'est écoulée, tranquillement, du moins en apparence, car la préparation des cours pour ces matières fut une lourde épreuve, associée à deux classes que j'ai eu du mal jusqu'au bout à discipliner, n'ayant sans doute pas été assez strict dès le départ. Les résultats au bac n'ont pas été plus mauvais qu'ailleurs ou que les années antérieures. J'ai pu consulter quelques notes de mes élèves, dont des bonnes et des moins bonnes, avec la fierté pour l'un d'eux qui a obtenu 19 sur 20 à son épreuve d'économie-droit, l'aidant ainsi à obtenir la mention très-bien, un excellent élève sélectionné peu avant pour entamer de longues études d'expertise comptable. Comme quoi, finalement, le bac technologique permet aussi d'aller loin dans les études !

Chapitre 6

A l'intérieur de la Cité de Carcassonne, à l'écart des innombrables touristes, des boutiques de souvenirs, des restaurants et des attractions médiévales, se trouve un musée. Rien d'étonnant dans un lieu où l'on s'intéresse à l'histoire. Il faut passer devant pour savoir qu'il existe, dans une petite rue, presque une impasse, à moins d'être un voyageur qui ne lâche pas de ses mains le guide des musées de la région qu'il parcourt.

Avec mon amie Sylvie, touristes nous aussi, épuisés après avoir longuement déambulé sous un soleil de plomb, nous observions, éloigné de la foule, les façades de quelques bâtisses anciennes, lorsque nous aperçûmes au fond d'une cour un panneau qui nous proposait une visite commentée. Nous nous sommes avancés. Derrière ces murs, pas une épée, pas une armure, mais des pupitres d'écolier, des porte-plumes, des cartes de géographie. Il s'agissait du musée de l'école, installé justement dans une ancienne école. Pourquoi avait-il sa place derrière ces célèbres remparts ? Sans doute pour donner une deuxième vie à cet endroit qui n'accueille probablement plus d'élèves depuis longtemps. Puis rien n'interdit de mélanger les périodes de l'histoire, surtout quand on peut bénéficier d'un public aussi nombreux à proximité !

Ses diverses salles retracent l'école d'antan depuis l'instruction obligatoire, laïque et gratuite pour les deux sexes, voulue par Jules Ferry, jusqu'aux années soixante. Ceux qui ont connu l'une de ces époques ayant traversé presque un siècle peuvent se remémorer des moments lointains et même se soumettre de nouveau à quelques exercices, tels que l'écriture à la plume ; les autres visiteurs découvrent l'évolution à travers les décennies de ce que la République a de plus cher.

Tout y est, comme si le temps avait reculé de quelques pas et comme si les cahiers posés sur des pupitres parfaitement alignés n'attendaient rien d'autre que le son de la cloche indiquant la fin de la récréation pour voir les enfants en culotte courte entrer en silence et reprendre leur activité. Le passé est tellement bien reproduit que l'on imagine les instants qui ont marqué ces époques. Pourtant, soudain, je me suis demandé à quel point l'école d'aujourd'hui est si différente de celle de jadis. Tant de choses ont changé. Indiscutablement. Mais est-ce seulement sur l'apparence ou s'agit-il d'une transformation profonde ?

Déjà, les cycles ne sont pas comparables. L'école primaire communale comptait des classes supérieures au dessus du cours moyen et elle préparait au diplôme du certificat d'études qui fit la fierté de centaines de milliers de familles jusqu'au milieu du XXe siècle, en perte de vitesse ensuite jusqu'à son abandon. Ce diplôme était toutefois antérieur à Jules Ferry car créé quinze ans plus tôt, en 1866, sous une forme embryonnaire améliorée ensuite. Pour la plupart, la scolarité s'arrêtait là. Les collèges et lycées existaient, mais n'étaient pas équivalents à ceux de maintenant, et surtout peu répandus. Entre parenthèses, précisons que les lois scolaires de la fin du XIXe siècle ne sont qu'une étape, certes importante, après une lente évolution, principalement depuis la fin de l'ancien régime.

Mais ne descendons pas aussi loin et attardons-nous sur ces changements apparus après les années soixante.

Aujourd'hui, le professeur est toujours là. Sa présence semblerait immuable ; il a seulement perdu son titre d'instituteur dans le primaire. Mais il n'est plus sur son estrade, supprimée après 1968, bien qu'il en y ait encore dans quelques établissements, pas plus hautes qu'une simple marche, les autres ayant toutes disparu. Supprimée pour que, symboliquement, il ne se montre plus supérieur à ses élèves mais à un niveau égal. Car on voulait une révolution pédagogique. L'autorité en aurait souffert. On tente alors de la rétablir, l'autorité bien sûr, pas la surélévation en bois ! Par contre, si le professeur n'est plus perché, ne voyant plus comme avant les élèves assis aux derniers rangs, il est resté face à eux, à part dans des situations particulières telles que des travaux de groupe. Derrière lui, il n'y a pratiquement plus de tableau noir où l'on écrivait à la craie. Ses vêtements ne sont ainsi plus couverts de fines poussières, quoiqu'il portait une blouse, ses élèves aussi. Mais on écrit quand-même, désormais avec des feutres jetables sur un tableau blanc. Et sur les cahiers, ce n'est plus l'incontournable plume sergent-major qui gratte des pages ternes, mais la bille du stylo qui glisse sur un papier traité et sans défaut. Le drapeau français est de nouveau présent, mais doublé du drapeau européen. Il avait quitté la plupart des salles. Les cartes ne sont plus suspendues aux murs, mais projetées à l'aide d'outils numériques. Cela permet de les actualiser après chaque bouleversement géopolitique. Les PC reliés à Internet et les salles de documentation, appelées CDIs dans les collèges et lycées, rendraient l'élève autonome dans des activités de recherche. Deviendrait-il imbattable face à la connaissance ? L'âne, lui, n'est plus coiffé et il ne regarde plus le coin ! Doit-on penser que l'humiliation a été définitivement abolie ? Sinon, le maître explique toujours la leçon que les élèves apprennent, ou pas, pour être ensuite évalués, notés, sanctionnés quelquefois. De plus, on continue de lever le doigt ou la main pour prendre la parole. Et depuis que l'école existe, tout ce monde n'a qu'une hâte : entendre la sonnerie pour pouvoir filer dans le couloir.

En somme, près d'un siècle et demi après Jules Ferry, l'école reste l'école, avec ce qu'elle a de bon et ce qu'elle a d'imparfait, avec des élèves qui réussissent et d'autres qui accumulent des lacunes, avec ceux qui l'aiment et ceux pour qui elle est une corvée. Malgré tout, de la petite enfance jusqu'au baccalauréat, elle fait au mieux en essayant de s'accommoder à l'évolution de la société, à moins que ce soit cette dernière qui la pousse à s'adapter. Allons savoir !

Toujours est-il, aujourd'hui, un nombre incalculable de jeunes quittent le système scolaire sans diplôme ou très peu qualifiés. C'est un problème majeur, non seulement parce que nous sommes dans le pays de la diplômite aigüe, mais surtout parce que les emplois requièrent de plus en plus de qualification et les entreprises attendent du système scolaire qu'il leur fournisse une main d'œuvre qui ne traîne pas à être opérationnelle après une courte formation si nécessaire. Même les patrons autodidactes attachent de l'importance aux diplômes lorsqu'ils recrutent ; cela leur permet au moins de faire un premier tri face aux nombreuses candidatures. Et bien que parmi les gens non diplômés et n'ayant pas non plus suivi le cursus, quelques uns aient sûrement des qualités et des aptitudes pouvant les rendre aussi performants et appréciés que leurs concurrents titrés et soient plus impliqués pour compenser ce qu'ils n'ont pas ailleurs, le diplôme, lui, facilite la sélection puisqu'il permet de mettre une grille de compétences en face des attentes de l'employeur. Il normalise en quelque sorte et offre une certaine garantie. A contrario, il arrive que des gens bardés de diplômes aient des difficultés à entrer dans une voie professionnelle. Mais globalement, il vaut mieux en avoir, même en quantité, que pas du tout !

Bien entendu, ce que l'on est compte à peu près autant que ce que l'on sait. Mais ce n'est pas le CV qui peut justifier de l'honnêteté, du respect, de l'assiduité. Même si certains en font mention, c'est seulement durant leurs fonctions qu'ils pourront en apporter la preuve.

Les statistiques démontrent que le chômage est nettement moins important chez les personnes suffisamment qualifiées. Faut-il avoir les bonnes qualifications. Trop de jeunes veulent aller vers des métiers non-manuels, alors que de nombreux emplois dits "manuels", mais qui n'empêchent pas de penser, ne sont pas pourvus par manque de candidats. L'automatisation n'a pas supprimé les bras ni les mains partout. Et il faut arrêter cette idée reçue qui laisse croire que les gens qui possèdent des titres universitaires ou qui sortent de grandes écoles sont plus intelligents que ceux qui se salissent au travail. Un plombier n'est pas plus bête qu'un avocat ; son savoir et son savoir-faire ne sont simplement pas construits de la même façon et son domaine de compétences n'est pas sur la même palette. La formation est certes plus longue pour l'avocat.

Parfois la qualification ne change rien au salaire ou l'augmente à peine par rapport à celui d'un boulot non qualifié, ce qui ne donne pas toujours l'envie à ceux qui en manquent de faire des efforts pour en obtenir. Et pour les décourager un peu plus, ils voient chaque jour aux actualités des femmes et des hommes, des hommes surtout, dirigeants de grandes entreprises principalement, qui perçoivent des sommes astronomiques, tandis qu'eux, au vingt-cinq du mois, quand ils ont malgré tout un emploi, n'ont déjà plus rien du salaire du mois précédent. Pour qu'ils n'aient pas trop d'aigreur, on offre alors un peu d'espoir, entre autres à travers le rêve de la loterie nationale !

Il est important aussi que chacun ait la fierté du métier qu'il exerce, quel qu'il soit. Mais pour que cela fonctionne durablement, il faut qu'il soit possible de progresser tout au long de la carrière, autant en salaire, et pas seulement avec quelques miettes de plus, qu'au niveau des tâches, or ce n'est pas tout le temps le cas.

      Face aux échecs scolaires ou simplement au manque de formation, est-ce l'école qui est en panne ou bien la société qui a déraillé ? Peut-être rien des deux, ou rien d'aussi profond, parce que dans tout domaine et quelle que soit l'époque, il est rare que tout aille absolument pour le mieux. La vie est ainsi faite que les humains sont confrontés sans cesse à des dérèglements ou à des dysfonctionnements plus ou moins forts, dont ils sont ou pas responsables, qu'ils tentent de corriger sans la certitude d'y parvenir, du moins à l'échéance fixée. De plus, en apportant leur solution, c'est autre chose qu'ils risquent déstabiliser. C'est sans fin, mais cela contribue à donner du sens aux jours qui passent !

Le système éducatif n'échappe pas à cette logique. D'autant que c'est une entité ou une réunion d'entités d'une taille considérable, ce qui rend forcément bien plus compliqué que dans une petite structure toute transformation ou amélioration. Si je ne vais pas jusqu'à comparer l'Education Nationale à un énorme mammifère qui peine à se déplacer, on ne peut pas dire non plus qu'elle ressemble à une danseuse étoile de l'Opéra de Paris ! Les réformes sont difficiles, quelquefois impossibles, car elles font l'objet d'oppositions diverses ou de simples blocages techniques, et quand elles sont adoptées, parfois déshabillées d'une partie du projet initial, elle n'apportent pas bien souvent un résultat à la hauteur de ce qui avait été annoncé. Il faut dire que la plupart du temps, elles sortent de dessous le chapeau du ministre, convaincu que ce qu'il pense est ce qu'il y a de mieux et obsédé sûrement par le désir de pouvoir marquer son passage par une grande réforme comme l'ont fait quelques uns à la même place avant lui, ceci au lieu de se contenter d'une amélioration de moins grande envergure issue d'une large concertation avec les différentes parties prenantes. C'est aussi le problème d'un système trop centralisé ne laissant pas assez d'espace à des initiatives ou à des expériences isolées mais contrôlées par les instances nationales, qui peuvent ensuite se propager si elles ont été concluantes, sans systématiquement les généraliser parce que ce qui marche au Nord, ne fonctionnera peut-être pas autant au Sud, bien qu'il soit quand même nécessaire d'uniformiser chaque fois qu'on le peut pour ne pas risquer de ne plus s'y retrouver dans une institution qui est avant tout nationale.

S'ajoute à cela une fonction publique rarement très réactive, ce qui est toutefois salutaire dans des circonstances où il ne faut pas se précipiter, à l'opposé d'une entreprise qui doit réagir vite si elle ne veut pas être dévorée par ses concurrents.

Les collèges et lycées ont tout de même une petite marge de manœuvre dans le cadre de projets et d'actions qu'ils peuvent définir et budgéter, tels qu'un soutien particulier à des élèves ou un jumelage avec des écoles étrangères, etc. Mais ces projets et actions restent le plus souvent propres à l'établissement, bien que leur expérience puisse faire l'objet d'une observation plus large et être copiée.

Derrière l'apparence indivisible du paysage éducatif, il y aurait deux visions de l'école : l'une où l'on veut donner à chacun les savoirs et les savoir-faire dont il a besoin pour bâtir son avenir ; l'autre qui consiste à repérer les meilleurs élèves pour les sélectionner et les pousser le plus loin possible. En pratique, l'école cherche un équilibre entre ces deux visions afin qu'elles cohabitent. Mais c'est sur la première qu'elle ne remplit pas tout à fait sa mission, sans prétendre que c'est elle ou elle uniquement la coupable. Ce n'est pas la mission la plus simple à mener !

Le dilemme entre ces deux perceptions n'est pas nouveau. Pour le certificat d'étude à l'issue du primaire par exemple, la question a été de savoir si l'on en faisait un diplôme pour le plus grand nombre où les élèves l'ayant obtenu étaient ceux qui avaient atteint le niveau d'une scolarité élémentaire "normale", c'est le mot employé à l'époque, leur permettant ensuite, dans une vie active toute proche, de bien s'occuper de leur famille, d'être de bons citoyens et d'avoir les bases nécessaires pour exercer un métier. C'était l'idée de Jules Ferry. Ou si ce certificat n'était destiné qu'aux meilleurs éléments, tirant vers une forme d'élitisme, en vue que ces derniers, que dis-je, ces premiers, poursuivent des études. Ce fut le cas un moment avec les cinq fautes à la dictée qui avaient un caractère éliminatoire. Eh oui, l'orthographe c'était précieux ! Selon les règles de l'examen et la difficulté des épreuves, en particulier celle du problème à résoudre, en sus de la dictée, les taux de réussite n'étaient évidemment pas les mêmes. On retrouve ce débat aujourd'hui entre les partisans d'un baccalauréat accordé au plus grand nombre et ceux qui soutiennent l'idée d'un bac plus exigeant.

Si tant de jeunes quittent le système scolaire avec un acquis insuffisant ou avec une formation inadaptée au marché du travail, c'est peut-être parce que, consciemment ou non, on accorde bien trop de place aux résultats à atteindre, on focalise sur ceux de l'élève juxtaposés aux résultats de tous les autres, on met au centre des discussions la voie la plus "noble" pour orienter ceux qui ne peuvent pas y accéder vers des voies qui le sont moins, on trie, on classe, on élimine... et on dégoûte inéluctablement de l'école un bon nombre d'élèves à qui elle devrait tant apporter ou on étiole certaines de leurs valeurs. On ne le dit pas directement, mais il en est ainsi. Ce n'est pas le seul motif des échecs mais c'en est un. Freinet n'aurait-il pas été suffisamment écouté lorsqu'il militait pour l'émancipation de tous les humains et s'opposait à la pédagogie officielle où certains élèves pouvaient suivre et d'autres non, lui qui par ses méthodes voulait permettre à tous de s'épanouir et de progresser ?

L'école d'aujourd'hui sert en partie, je dis bien en partie, à identifier ceux qui, entrés dans le moule, pourront sans mal gravir la pente des études et accéderont à des fonctions plutôt élevées. Or ceux-là, finalement, s'en passeraient presque car ils ont la capacité de réussir sans qu'on leur ressasse des explications, sans que l'on ait besoin d'être derrière eux. Evidemment, il n'y a pas que les deux extrêmes. Entre elles, se situent les plus nombreux, une masse silencieuse qui trouve plus ou moins sa route sur fonds d'exigences variables, dans laquelle quelques uns se laissent à un moment entraîner par la catégorie des plus forts et parviennent quasiment à leur niveau. Inversement, il arrive que d'autres lâchent prise après avoir connu une scolarité sans faille.

Qu'y a-t-il de pire pour un élève que de se prendre une sale note quand il voit qu'à côté de lui, la plupart de ses camarades ont réussi l'exercice, surtout quand cela se répète ? On va jusqu'à l'accuser de manquer d'efforts, alors qu'il y a souvent d'autres causes, que l'on ignore parfois. Ce n'est pas une raison pour ne pas lui mettre de temps en temps un petit coup de pied au derrière. Au sens figuré ! Le bousculer. Mais il faut aussi tenter de comprendre pourquoi ça ne peut pas fonctionner avec cet élève. La grande majorité des profs a conscience de cela et veut trouver des solutions, mais ce sont les moyens qui manquent, ou du moins les moyens sont là, sauf qu'ils sont mal répartis avec beaucoup trop d'énergie gaspillée par endroits.

On sait tout de même prendre en charge aujourd'hui des petits handicaps, aussi des plus gros, ou des pathologies que l'on n'identifiait pas autrefois, tels qu'un simple problème de vue ou de surdité, ou un trouble de l'apprentissage, face auxquels on n'hésitait pas à classer l'enfant concerné parmi les débiles. C'est un grand pas !

Par contre, il ne faut en aucun cas vouloir empêcher la concurrence entre les jeunes. Elle est saine, utile, même indispensable, comme elle l'est chez les adultes pour les inciter à faire toujours mieux. Mais à jeu égal !

D'autre part, comment peut-on donner à l'élève le courage d'apprendre quand ce qui est imposé l'ennuie, quand il n'arrive pas à se démêler des exercices, quand il ne voit pas l'intérêt de ce qu'on veut lui apporter, quand il rêve à autre chose, quand il est dans une période difficile ? Aucun n'est plus idiot qu'un autre mais tous n'ont pas le même profil, les mêmes envies, ne réagissent pas de la même façon, ne sont pas doués pour les mêmes domaines. Or le programme est unique, les rythmes aussi : au lycée, quelques choix sont possibles pour l'orientation ou pour des options ; au collège, c'est pour tout le monde pareil sauf pour ceux qui ont une matière supplémentaire comme le latin ou le grec. On veut un format standard, or l'effet inverse se produit, ou du moins, le format est respecté, mais au bout du compte, certains ne repartent pas avec le contenu que l'institution avait décidé d'inculquer, alors qu'à la place tant d'autres choses auraient pu être apportées, ou quasiment les mêmes mais d'une autre manière. Bien sûr, il faut avoir pour objectif une évaluation finale assez uniforme qui permet, comme je l'ai indiqué, de mettre une grille de compétences en face des attentes de celui qui recrutera en vue d'une poursuite d'études ou d'un travail. Mais divers chemins sont possibles pour arriver à un résultat. Puis dès l'instant que l'on acquiert la connaissance fondamentale et celle nécessaire pour une voie choisie, les savoirs les plus divers peuvent être acceptés en parallèle, ce qui ne peut qu'être enrichissant au service de tous.

Donner la confiance, c'est essentiel aussi.

Faudrait-il alors individualiser ? Mais comment ?

Je ne crois pas non plus aux structures adaptées pour ceux qui sont dans la plus grande difficulté. La mise à l'écart est une étrange façon de traiter le problème. Réunis entre eux, tout va mieux parce qu'ils sont libérés d'une pression et de la méchanceté de quelques uns qui ne sont pas tendres avec les plus faibles. Or il n'y a probablement rien de tel que ces structures pour rendre plus difficile ensuite un retour vers la société sachant que toute mise à l'écart creuse des différences, même si sans conteste, ces jeunes, après avoir appris à leur rythme, ressortent avec des acquis dont ils n'auraient pu bénéficier ailleurs. Ranger des gens les met souvent hélas définitivement dans des catégories.

Plus haut, je parle d'énergie gaspillée par endroits. Il serait bien utile justement d'en économiser pour en redistribuer ailleurs. Lorsque je consulte des programmes, cela me donne quelquefois l'impression qu'il fallait à tout prix trouver du contenu pour utiliser tout le temps prévu, alors que des notions générales pouvaient convenir, quitte à ce que l'élève qui en veut un peu plus puisse approfondir. Les élèves retiennent mieux et plus durablement lorsqu'on se limite à l'essentiel. Je l'ai constaté maintes fois, non seulement en tant qu'enseignant, mais aussi auparavant en tant que formateur où l'on est assez libre au niveau du contenu. La qualité est toujours préférable à la quantité. Etudier les grandes lignes peut suffire pour que l'individu sache plus tard se servir de ce "plan" qui lui permettra d'aller chercher des détails. Il est vrai qu'aujourd'hui en classe, on travaille souvent sur des supports qui contiennent la connaissance que l'élève se contente de retrouver en répondant à des questions. Il faut apprendre des règles bien sûr, c'est le squelette du savoir, mais on n'est plus autant dans les leçons à retenir. Je vois, pour les matières que j'ai traitées en classe, en comparant ce qu'il faut enseigner à mon expérience en entreprise dans des fonctions d'encadrement ou de développement, le nombre de points abordés qui n'ont vraiment rien à faire là. C'est la pratique, ensuite, qui apporte les compléments ; elle a l'avantage d'être plus précise et plus actuelle. On se souvient bien mieux d'une explication trouvée quand on en a besoin que quand elle est donnée dans un cadre scolaire loin du cas concret. J'ai parfois été ahuri de ce que j'ai pu voir dans des programmes ou sur des manuels, à croire que certaines personnes n'ont jamais mis les pieds sur le terrain, non pas parce que c'était faux, mais sans intérêt pour l'élève. Je n'ai pas la compétence pour commenter sur toutes les matières, mais j'imagine que cela se confirme partout.

Quand je me rends compte par exemple du travail acharné des profs de langues face à des élèves qui ont du mal à décoller, alors que ces mêmes individus parviennent à parler la langue en quelques mois lorsqu'ils sont en immersion, principalement parce qu'ils sont motivés et contraints de faire des efforts, cela prouve que certains apprentissages sont plus efficaces ailleurs que dans une école à temps plein. Hélas, tout le monde ne peut pas partir en immersion, mais certains auraient sûrement assez d'une seule langue étrangère à l'école quand d'autres sont prêts à en étudier plusieurs.

Pour autant, il ne faut pas rendre l'élève paresseux en lui laissant trop le choix d'en faire moins. On connaît ses préférences ! Puis un exercice intellectuel ne lui fait jamais de mal, même si le contenu ne lui sera pas utile. Un juste milieu est bien difficile à déterminer !

N'a-t-on pas trop tendance aussi à théoriser ce qui n'a pas nécessairement besoin de l'être ?

La motivation est essentielle pour faire travailler les élèves. Ceux confrontés à la fois à des difficultés et à des leçons qu'ils considèrent barbantes, auront vraisemblablement de meilleurs résultats si le professeur trouve des astuces pour les intéresser. A ce titre, je me souviens d'une jeune prof de français stagiaire, Margot, dont j'ai fait la connaissance quelques semaines après la rentrée dans le bureau du conseiller principal d'éducation où nous venions, au même moment, nous plaindre d'un élève particulièrement agité, le même élève, d'une classe de seconde que nous avions en commun. Après cette rencontre, une relation amicale entre nous s'était installée.

Avec cette classe de seconde, a priori rien ne l'avantageait, elle qui démarrait sa première année d'enseignante, dans ce lycée qui préparait au bac scientifique et à des bacs technologiques du secteur industriel, avec très peu de filles dans l'effectif, celles-ci préférant un lycée voisin plus polyvalent. La classe que nous partagions était exclusivement masculine. Ainsi, sans entrer dans une opinion toute faite, Margot ne semblait pas être face aux élèves les plus passionnés de littérature. Pourtant tout l'inverse s'est produit. Certes sa jeunesse et son allure attirante figeaient forcément sur elle le regard des élèves, sa gentillesse et son sourire permanent associés à son autorité ajoutaient du caractère au personnage. Mais cela ne pouvait suffire pour conserver une attention soutenue des élèves au delà de deux ou trois cours. Il fallait autre chose.

Curieusement, elle était rarement mécontente de cette classe, tandis que la plupart des autres profs s'en arrachaient les cheveux. Je voulais comprendre pourquoi.

- « Je leur parle du Petit chaperon rouge » me dit-elle.

- « Ah bon, du Petit chaperon rouge à des secondes ! »

- « Oui, de la sexualité qui se cache dans ces contes. Tu sais très bien que le sexe est partout dans la littérature, souvent caché entre les lignes. »

Je suis resté évasif, n'osant pas lui montrer mes lacunes en matière d'œuvres littéraires ni mon côté pragmatique qui ne laisse pas trop de place à une autre lecture que celle des mots qui se succèdent. D'autant que je me suis toujours méfié des interprétations, convaincu que l'on voit ce que l'on a envie de voir. Mais je n'ai pas contredit Margot, qualifiée en la matière.

Apparemment, elle a traité l'essentiel du programme autour de ce thème, pas seulement avec le Petit chaperon rouge, je suppose ; je n'en discutais pas non plus tous les jours avec elle. Je me doute qu'elle ne sortait pas du cadre fixé par l'Education Nationale. Peut-être était-elle tout bonnement aiguillée par les personnes de l'école du professorat face à son statut de professeure stagiaire.

Elle bénéficiait obligatoirement d'une écoute toute particulière de ces garçons. Il n'y a pas d'hésitation. En tout cas, ils étaient enchantés de leur professeure de français. Ils m'en parlaient quelquefois. J'aurais bien aimé étudier moi aussi la littérature avec Margot. J'aurais sûrement pris goût à des textes auxquels je n'ai jamais eu l'idée de m'intéresser. En fin d'année, elle fut titularisée sans difficulté après avoir reçu tous les encouragements. Elle a ensuite quitté le lycée pour une autre académie où, très probablement, elle parle de la sexualité dans la littérature à d'autres élèves.

J'ai eu aussi une nouvelle affectation l'année suivante. Souvent, les contacts se perdent quand on part d'un lycée et des liens se créent ailleurs où l'on rencontre d'autres situations ou d'autres Margot qui réussissent à passionner des élèves là où rien ne semblait gagné d'avance.

Voilà, il en est ainsi de l'école d'hier et de celle d'aujourd'hui. L'apparence a changé, la profondeur peut-être aussi. Mais à l'époque où l'on envisage d'envoyer des humains sur Mars, où l'on va fouiller dans l'infiniment petit, où le numérique est bientôt capable de tout faire ou presque, il faut bien reconnaître que la façon d'enseigner n'a pas évolué dans les mêmes proportions, bien que ce soit l'école, jusqu'aux formations supérieures, qui apporte une large part du savoir et des compétences à ceux qui fabriqueront le progrès... si on est pour le progrès.

Chapitre 7

Avant d'enseigner, si j'ai eu des fonctions de formateur tout au long de ma carrière, j'ai dû apprendre en parallèle, seul ou en assistant à des cours, et pas uniquement dans le but de retransmettre, mais aussi pour mon métier de base qui a sans cesse évolué. Parfois, je n'ai rien eu à apprendre quand il s'est agi de former des utilisateurs sur du logiciel que j'avais conçu.

C'est ce que l'on appelle la formation continue, c'est à dire celle que l'on peut suivre à tout âge après celle reçue durant sa jeunesse, cette dernière étant la formation initiale. Mais qu'elle soit continue ou initiale, les fondements se ressemblent malgré les différences. La formation continue est plus ciblée.

Pour améliorer la connaissance, j'ai souvent choisi d'étudier seul, par facilité afin de gagner du temps ou parce que je ne trouvais pas de programme qui correspondait précisément à mon besoin. Sinon pour des raisons budgétaires quand il n'était pas possible chez un employeur de faire financer des formations coûteuses ou parce qu'il m'est arrivé d'être en freelance, auquel cas je faisais attention à mes dépenses. Toucher au budget des autres est plus supportable !

J'ai toujours considéré qu'apprendre par soi-même est une solution efficace, pour mon propre cas tout au moins. Elle l'est d'autant plus quand on acquiert les notions ou les techniques lorsqu'on a une situation concrète à traiter. Elle nécessite évidemment d'être actif dans son auto-formation et non pas passif à attendre que l'on nous livre une leçon pour laquelle il faudra au pire réaliser quelques exercices d'application. L'avantage est de ne pas s'embarrasser de ce qui est inutile puisqu'on vise le besoin au plus juste. C'est une solution facilement accessible aujourd'hui compte tenu de toutes les productions et de tous les services multimédias dont on peut disposer, à condition de savoir les choisir ; ça l'était beaucoup moins il y a vingt-cinq ou trente ans où les seuls supports étaient des documentations techniques liées à un équipement, des livres consultés ou achetés en librairie et des cours empruntés à quelqu'un qui les avait déjà suivis.

Mais d'un autre côté, assister à des cours collectifs permet de rencontrer des gens qui ont les mêmes buts ou les mêmes problématiques et avec qui on peut échanger pendant les pauses ou nouer des contacts pour pouvoir se retrouver ou s'entraider plus tard. Le réseau est ici tout aussi important que le contenu de la formation.

Sinon, quel que soit le domaine, on peut tout apprendre par soi-même, sans l'intervention directe de quiconque, à part peut-être le tennis de table, la danse de salon et le kamasutra. A moins d'être isolé sur une île lointaine et déserte, rien n'empêche ainsi d'être au même niveau que n'importe qui en latin, en espéranto, en histoire, en droit, à la pétanque, en dessin,... et dans tout le reste. Néanmoins, jamais un professeur ou un formateur ne sera de cet avis, estimant que lui seul par ses méthodes d'enseignement apportera dans les meilleures conditions les savoirs ou les savoir-faire utiles à son groupe d'élèves. Normal, chacun soutient la profession qu'il exerce !

Pour autant, cela ne veut pas dire que l'on ne dépend de personne : le meilleur des autodidactes a de toute évidence besoin de ce que d'autres ont produit ou lui fournissent. La caractéristique essentielle, c'est seulement l'absence du formateur ou du professeur et de toute interaction avec un correcteur. Etudier par correspondance, par exemple avec le Centre National d'Enseignement à Distance de l'Education

Nationale, n'entre donc pas dans ce cadre-là.

Au début de ma vie d'adulte, je n'ai nullement cherché à être formateur. C'est arrivé naturellement, d'abord en milieu associatif, dans ce que l'on appelait un club informatique dans les villes et villages, le terme ayant quasiment disparu aujourd'hui, où un public varié nous demandait à être initié à ces équipements qui allaient débarquer dans les foyers ; ensuite en entreprise où je devais compléter ma mission principale par la formation des utilisateurs. Je ne connaissais aucune méthode particulière. C'était le bon sens qui guidait et quand les explications n'étaient pas satisfaisantes, il suffisait de les reprendre autrement. Seule la réussite de l'exercice pratique permettait de savoir si l'on avait été un bon pédagogue... à condition que la personne sache encore le faire la semaine suivante. En dehors de l'enseignement initial, la plupart des gens qui forment apprennent la pédagogie sur le tas et s'améliorent au fil du temps. Ils ont en général la qualité de bien communiquer. Je ne suis pas certain que je l'avais ! Mais ce n'était pas un choix d'être formateur. J'avais juste accepté, même si j'y ai pris goût par la suite. Il n'y a guère que dans l'Education Nationale où l'on voudrait pousser la méthodologie à l'extrême et avoir des professeurs suffisamment entraînés avant de les lâcher devant les élèves. Mais les situations ne sont pas comparables.

C'est chez IBM, le leader mondial de l'informatique, où j'étais envoyé par mon employeur pour suivre des cours, j'étais donc élève cette fois, que j'ai découvert une méthode qui n'avait absolument rien en commun avec ce que j'avais fait ou vu jusque là.

Car j'ai appris l'informatique, même si j'avais déjà les bases, par ce que l'on appellerait aujourd'hui de l'alternance avec un temps en entreprise et un temps à l'école. Ce n'était pas rythmé de la même façon : j'avais un plan de formation à respecter en parallèle de mon activité dans l'entreprise qui m'avait engagé. Mais dans ce métier, il fallait beaucoup apprendre aussi par soi-même pour réussir. C'est encore un peu vrai, même si son enseignement est désormais mieux structuré avec une offre plus large. Bien plus tard, j'ai complété par du titre universitaire.

Pénétrer dans les locaux d'IBM, la compagnie historique qui avait le plus innové dans cet univers surprenant du binaire, et être formé directement par ses spécialistes n'était pas banal. Depuis toujours, elle était réputée pour son degré élevé de perfection. Les locaux étaient sobres, chaque couloir, chaque salle étaient hautement sécurisés. Pour donner encore plus d'importance à ce lieu, le personnel, en costume-cravate pour tous les hommes, avait l'air strict, à l'opposé du jean-baskets déjà courant ailleurs dans le milieu. IBM faisait tout pour rappeler à quel point elle avait développé une culture d'entreprise, un des facteurs de sa notoriété.

On était là en toute confiance !

Avant d'atteindre la zone réservée aux formations, j'imaginais la salle de cours : classique mais super équipée où on allait s'asseoir face à un formateur très pointu dans son domaine. Or rien ne ressemblait à cela. Le formateur n'était pas là ; il n'est d'ailleurs jamais venu. La seule personne, tout au long de la formation, était une secrétaire qui gérait le service, installée à l'entrée, qui me remit une mallette remplie de bouquins et me dirigea vers un box où je me suis assis entre deux panneaux de verre, devant un simple terminal comme j'en avais chez mon employeur. Chaque livret de la mallette correspondait à une séance d'une demi-journée.

Il s'agissait du centre de formations guidées d'IBM. C'était son nom. La formation était complètement individualisée. Le stagiaire du box à côté pouvait travailler sur un programme différent. Chacun étudiait à sa cadence en suivant une progression à partir du livret et faisait des exercices corrigés automatiquement par la machine. De temps à autre, il était demandé de quitter le box pour consulter une vidéo. La secrétaire sortait alors de son tiroir un grand disque laser de la taille d'un 33 tours, je n'en connaissais pas l'existence, ça devait venir directement des Etats-Unis, que le stagiaire mettait lui-même dans le lecteur pour une séquence d'une dizaine de minutes, avant de retourner poursuivre les exercices. Les terminaux, c'est à dire les postes de travail, ne permettaient pas encore de regarder des vidéos, puis ça dégourdissait les membres inférieurs. Un quasi silence régnait sur le plateau. Chaque élève pouvait arriver et repartir quand il le souhaitait entre les horaires d'ouverture et de fermeture du service, sans déranger quiconque. Et si nous butions sur une explication, nous avions à notre disposition un téléphone pour joindre un ingénieur. Ce qui était rare car les supports étaient parfaits.

IBM s'en sortait bien dans l'affaire avec des prestations à faible coût facturées au prix fort !

J'étais séduit par le principe, même si le manque de dialogue me gênait un peu. A la fin de cette première session qui dura plusieurs jours, j'estimais avoir mieux appris que lors de cours classiques, et une fois reparti avec la mallette, je pouvais avoir accès à tout moment à ce que j'avais fait pendant les séances, de manière très claire. Bizarrement, les autres stagiaires que j'ai rencontrés ne trouvaient pas la formule excellente, probablement parce qu'ils étaient trop habitués à du cours en face à face avec un professeur dont les élèves attendent tout de lui. Ce qui n'a pas profondément changé depuis !

Je ne sais pas comment elle était perçue dans les autres succursales d'IBM à travers les continents. Toujours est-il, le centre de formations guidées que je fréquentais a baissé le rideau deux ou trois ans après lorsque la secrétaire qui le gérait a quitté son emploi, peut-être pour prendre sa retraite. J'ai encore le nom de cette dame en tête. La méthode n'était-elle pas adaptée à la culture latine ? Je le crois. Les latins ont surtout besoin de parler, de bouger, d'avoir une présence physique qui les pilote et les rassure. Il n' y a pas qu'eux. Mais la formule fonctionnait sûrement très bien ailleurs. Les formations auxquelles j'ai assisté après cette fermeture étaient collectives, animées par un ingénieur, parfois gratuites quand il s'agissait pour cette compagnie de faire découvrir ses nouveaux produits.

En tout cas, j'avais là des idées pour être plus efficace dans mes propres formations.

Plus tard, à une époque où j'étais en freelance, toujours aussi convaincu par la méthode, je suis allé plus loin en aménageant un petit espace de formation au rez-de-chaussée de mon logement pour recevoir essentiellement des demandeurs d'emploi et des personnes sous contrat d'insertion qui avaient droit à un quota d'heures de formation, afin de leur apprendre quelques notions générales et à utiliser divers logiciels. Mon objectif était d'être quasiment invisible et que chaque élève soit le plus autonome possible. Avant d'être opérationnel, j'avais passé de longues soirées à préparer des modules sur des thèmes différents. Quatre ou cinq demi-journées par semaine étaient réservées à l'accueil des élèves afin qu'ils puissent venir au moins une fois selon leurs disponibilités. J'imposais quand même un rythme régulier pour gérer plus facilement l'emploi du temps. Les séances pouvaient démarrer à toute heure et chacun, restant autant qu'il le voulait, travaillait sur le module de son choix qu'il continuait la fois suivante lorsqu'il ne l'avait pas terminé. Je n'avais jamais plus de quatre personnes en même temps, n'ayant pas assez d'équipements pour plus de monde. C'était artisanal comparativement à ce que j'avais vu chez IBM, mais les stagiaires aimaient bien. Je ne fournissais pas une mallette avec des livrets ! Je remettais simplement un dossier imprimé où j'avais laissé des zones non-remplies à compléter pendant l'exercice. Durant tout ce temps, je faisais autre chose. Pas du jardinage ni la peinture des contrevents, mais je traitais mon courrier, je suivais ma comptabilité ou j'améliorais les modules et en créais de nouveaux. Je n'occupais pas mon temps à surfer puisqu'Internet n'était pas encore là. Je répondais aux questions, mais elles étaient peu nombreuses. De temps à autre, j'allais observer la progression pour ne pas donner l'impression que je délaissais mes élèves. Pour le décor, j'avais installé un chevalet avec un bloc de papier et des marqueurs de toutes les couleurs, mais il ne servait guère. C'était très convivial. Il y avait le café à volonté et nous bavardions. La conception des cours avait demandé énormément d'énergie, mais pendant les séances, je n'avais aucun stress, aucune fatigue et mes explications orales ne pouvaient pas être imparfaites ou incomplètes, ni différentes d'un jour à l'autre, compte tenu que je n'en donnais pas ou peu : tout était sur les supports distribués, soigneusement préparés et testés à l'avance.

J'ai abandonné au bout de quelques années quand il fallut réinvestir. L'informatique évoluait vite. La rémunération sur des fonds publics était trop faible, ce qui empêchait d'être suffisamment rentable. J'avais besoin aussi de récupérer ces demi-journées pour d'autres projets. Mais ce fut une excellente expérience. J'ai depuis été tenté de la renouveler, mais les loyers élevés des locaux m'en ont dissuadé. Je n'avais plus de rez-de-chaussée disponible.

Le principe des activités individualisées, plus ou moins en autonomie et avec des horaires flexibles ou même libres n'avait en fait rien de très innovant. Fallait-il y penser pour les formations, ou du moins disposer des moyens nécessaires. IBM les avait largement pour ses formations guidées ! D'autres domaines fonctionnaient sur ce modèle : les kinés par exemple, en recevant à tous moments dans leur cabinet des patients, dirigés vers des exercices différents et contrôlés à tour de rôle entre les massages sur d'autres patients en cabine. C'est aussi le cas dans les salles de fitness et de musculation, où il n'y a d'ailleurs pas toujours la présence permanente d'un moniteur, les salles étant en libre accès avec des badges, et c'est l'appareil qui indique maintenant sur son écran ce qu'il convient de faire et qui mesure les performances, ou bien le bodybuilder d'à côté qui vient en aide à son ou sa semblable.

Dans l'Education Nationale, on n'en est pas encore à la méthode "guidée", si je puis garder ce terme emprunté à IBM, que j'ai découverte il y a plus de trente ans. On en est même très loin. On utilise des équipements de dernières générations, en grand nombre, mais ce ne sont que des éléments nouveaux intégrés à une pédagogie ancienne. Pour y parvenir, il faudrait défaire le système éducatif actuel pour le reconstruire depuis la base. Ce n'est pas possible. Et l'idée qu'une machine puisse faire le travail du professeur, du moins en partie, ne pourrait que donner la colère à tous les enseignants de la terre. Déjà qu'une moindre réforme annoncée entraîne le plus souvent une forte mobilisation des syndicats, jamais ces femmes et ces hommes ne toléreraient une telle dépossession. De toute façon, on sait bien que dans tout domaine, rien ne se réalise au delà d'une lente évolution, sauf face à un effondrement involontaire, auquel cas on peut rebâtir autrement. Toutefois, l'accès au savoir a été littéralement transformé durant ces deux dernières décennies et, sans parler de tout renverser, on ne peut pas dire que le système scolaire suive réellement cette évolution, hormis les quelques apports.

Puis cela demanderait des investissements colossaux.

Une seule certitude : l'école du futur sera différente de celle que l'on connaît depuis plus d'un siècle. Mais quand aura-t-elle un autre visage, comment se passera la transition et quel sera son nouvel aspect ? C'est la grande inconnue. Depuis que j'ai commencé à enseigner et au regard de ce que j'ai vécu avant, j'ai souvent pensé à ce que pourrait être l'école de demain, tout en étant conscient de son immobilité parce qu'elle se satisfait finalement de ce qu'elle est. Du rêve alors ! Mais c'est bien parce que des gens ont rêvé que le monde a changé. Mal parfois.

Des méthodes un peu originales ont déjà vu le jour ; néanmoins, elles n'ont rien eu de révolutionnaire. En particulier, récemment, celle de la classe inversée, dont le principe n'est pas neuf, mais où le mot 'inversé' ainsi que les outils dont elle se sert lui ont donné une modernité. L'ayant trouvée intéressante, je l'ai testée. Elle consiste à inverser le fonctionnement de la classe : les élèves préparent la leçon à la maison à partir d'un module consultable sur Internet, appelé capsule, et le temps scolaire est réservé aux exercices d'application. Faut-il que les élèves fassent, tous, 'sauter' la capsule à la maison... celle du cours bien sûr ! C'est assez peu vérifiable, à moins de faire un petit questionnaire à choix multiples en début de chaque séance en classe. La méthode marche très bien avec les élèves assidus ; pas trop avec les autres. Elle est censée laisser plus de temps à l'enseignant pour suivre les élèves individuellement. Je n'y crois guère, car dans une classe de trente ou trente-cinq, pendant que le prof s'occupe de quelques-uns, d'autres bavardent, chahutent ou sont rivés sur leur téléphone portable.

Sinon, des professeurs ont probablement expérimenté des techniques qui s'approchent d'un enseignement "guidé", non pas sur le libre choix des horaires, mais sur l'autonomie des apprentissages et sur l'automatisation des évaluations, à l'aide d'outils trouvés sur Internet par exemple. Mais de là à généraliser et à réunir toutes les composantes de la méthode, c'est une toute autre affaire.

Pourtant, elle aurait l'avantage de dégager du temps pour permettre aux professeurs de faire cet accompagnement personnalisé impossible aujourd'hui, accompagnement sans la présence dans la salle de personnes non-accompagnées. Donc sans réduire les effectifs des enseignants puisqu'on aurait autant besoin d'eux mais différemment. Or à coup sûr, nos gouvernants, n'attachant pas une folle importance à ce suivi, j'ose imaginer, y verraient avant tout une aubaine, celle de pouvoir faire des économies budgétaires en supprimant des postes à la pèle. Ils seraient aux prises avec un soulèvement sans précédent, évidemment, mais ce n'est pas la peur de tenter qui les dérange, surtout qu'ils ont une arme efficace : l'usure.

Si l'on avait la garantie que les emplois ne seraient pas

supprimés, car il va bien falloir arrêter cette hémorragie qui coûte plus qu'elle ne rapporte, ce serait à mon sens une manière d'enseigner intéressante à bien des niveaux. Faudrait-il aussi que le personnel enseignant accepte de bouger, de renoncer à ce qu'il fait depuis toujours. Ce n'est pas certain. Nous aimons tous le changement à condition que tout conserve sa place.

Modifier radicalement la façon d'apprendre ne provoquerait pas des miracles, mais on ne peut pas rester dans l'inertie quand à côté le monde se transforme, très vite. Trop vite peut-être, mais c'est ainsi. Ni quand l'école, ou l'éducation dans sa globalité, n'a plus la pleine santé. Le numérique tel qu'il est utilisé aujourd'hui dans le système scolaire n'amène rien contre l'inégalité qui existe entre nos futurs adultes. L'intérêt, ce serait justement de profiter de ces techniques au moins pour individualiser. Mais pas seulement car on pourrait en tirer d'autres bénéfices.

Déjà, partons d'un constat. Si l'on regarde ce qu'il se passe en classe aujourd'hui, si l'on s'informe un peu, on se rend compte que tout ne va pas pour le mieux. Ou il suffit d'entrer dans une salle des professeurs au moment de la récréation pour entendre çà et là l'exaspération de quelques uns ou simplement le récit des problèmes du quotidien. Le point le plus fréquemment abordé concerne sûrement les difficultés que rencontrent certains élèves face aux apprentissages. Mais si c'était le seul, tout irait presque bien !

Il y a l'absentéisme, de plus en plus important et qui n'est pas dû qu'à la maladie ou à une situation sociale ou familiale difficile, la monoparentalité n'arrange rien, mais bien souvent à la simple tentation d'aller faire autre chose. A part lorsqu'il s'agit de soucis de santé, en général les cours ne sont jamais rattrapés. C'est dire les trous qu'il peut y avoir dans la connaissance de ces élèves par rapport aux exigences du programme. Il ne leur restera même pas au moins la culture puisqu'ils n'auront pas acquis la possibilité d'oublier. Quoiqu'après tout, il ne faut pas non plus focaliser à ce point sur le programme.

Ensuite, il y a l'agitation en classe, quand ça ne vire pas, mais c'est heureusement moins courant, à l'insolence, à l'agressivité ou encore à la dégradation des équipements. Ou à l'opposé, les élèves complètement épuisés qui ne parviennent pas à garder le buste redressé et les paupières ouvertes, parce qu'ils se sont endormis très tard après une longue soirée, que dis-je, une longue nuit, passée à regarder des films, à jouer en ligne ou à écouter de la musique. De quoi regretter, quand on est prof, l'époque où il n'y avait pas encore l'électricité et où les gens se couchaient à la même heure que les occupants du poulailler.

Ajoutons la guerre qu'il faut mener contre les téléphones portables dont ils ne veulent pas se séparer, jusqu'à les cacher dans les trousses pour suivre en direct un match de tennis pendant qu'ils prêtent une demi-oreille à la leçon, ou parlons de ceux qui sont entièrement déconnectés du cours parce qu'ils doivent finir le devoir maison à rendre à l'heure suivante, avec sous le coude la copie du copain qui a eu juste le temps de le terminer le matin avant de venir, et de ceux qui papotent sans cesse d'un côté et de l'autre de la salle, qu'il faut reprendre, ce qui consomment une énergie considérable et du temps. Citons enfin le travail non fait, les pages du cahier qui ne perdent pas leur blancheur, à croire que le stylo est en panne, les travaux de groupe où un seul élève fait le boulot,... ! Quand il n'y a rien de tout cela, c'est presque des vacances pour le professeur ; hélas, ces vacances-là se font rares.

Devons-nous être des gendarmes permanents ou bien fermer les yeux ? La première solution est épuisante, l'autre est déprimante !

Devant ces situations, des inspecteurs n'hésitent pas à reprocher une mauvaise gestion de la classe au professeur. En effet, nous ne sommes pas parfaits. Mais ils oublient qu'ils ont jadis été profs et vraisemblablement confrontés à des conditions similaires, même si l'on est en présence d'une dégradation récente qu'ils n'ont peut-être pas connue. Lors de ma première inspection, j'ai eu le malheur, parce que je ne sais m'empêcher de dire parfois ce qu'il ne faut pas, d'évoquer pendant l'entretien une absence régulière de certains élèves. La réponse a été instantanée : « c'est parce que vous ne savez pas les motiver ». Sauf qu'après vérification, je me suis rendu compte que j'étais quasiment celui qui avait le taux d'absentéisme le moins élevé, sûrement parce que ma matière avait le plus fort coefficient à l'examen et que les élèves ne voulaient pas rater trop d'heures. Il s'agissait d'un bac technologique, option informatique. Fallait-il alors en déduire qu'aucun de nous ne savait motiver ses troupes ? !

L'absentéisme pose aussi un inconvénient au niveau des travaux de groupe lorsque ce ne sont pas les mêmes élèves présents d'une semaine à l'autre, et pire encore quand l'un des absents a avec lui le travail de son groupe. On pourrait obliger à laisser les travaux dans les salles, sauf que celles-ci sont utilisées par des classes et des profs différents et il n'y a pas une armoire sécurisée par professeur. Sinon les relever et les garder pour les redistribuer la fois suivante, mais là, on materne.

L'agitation, l'amusement et le bavardage, qui varient suivant les classes ou selon les enseignants qui les ont, existent forcément quand des élèves nombreux, parfois jusqu'à trente-cinq, actifs et joueurs par nature mais à qui on demande de rester tranquilles et attentifs, certains étant assez libérés de surcroît, sont regroupés sur moins de quarante mètres carrés, souvent assis côte à côte par affinités, sauf quand on impose un plan de classe, et font face à un professeur dont ils attendent tout. On ne pratique plus l'autorité comme autrefois. Ces conduites sont donc inévitables.

Sur la trentaine de classes que j'ai eue durant ces années dans des établissements privés hors contrat et dans le public, j'ai d'ailleurs exercé plus dans les lycées publics que dans le privé mais l'attitude des élèves est assez semblable des deux côtés, et bien que j'entretenais une bonne relation avec une large majorité d'entre elles, je n'en ai guère eu qu'une ou deux où il n'y avait pas de façon récurrente au moins l'un de ces soucis, mais c'était de tous petits effectifs. Cela dit, la simple présence d'un ou deux agitateurs peut pourrir une classe même si l'effectif est faible, les autres se laissant facilement entraîner.

En ce qui concerne le travail, pour lutter contre ces manquements liés en particulier à l'absentéisme, il faudrait soit des sanctions bien plus sévères, soit des verrous empêchant l'élève de se présenter à l'examen. Mais rien de tel n'est applicable. Il n'est pas idiot, il voit bien de toute façon que le pourcentage d'élèves collés à l'examen est nettement inférieur à celui d'élèves qui ne remplissent pas les obligations. Il sait par conséquent que son risque d'échouer est réduit et il se débrouille à rétablir quelque peu la situation en fin de parcours. Entre la contrainte et la facilité, on est tous tenté par la facilité si on pense que cette dernière ne va pas trop pénaliser. Il sait aussi qu'entre un bac obtenu à 10 suite à un repêchage accordé à 8 et un bac obtenu du premier coup à 11,90, à la limite de la mention, sur le papier remis à l'automne, il n'y a pas de différence ! Au fil des trimestres, il n'a pas pensé non plus à son livret scolaire qui peut à la fin lui causer des ennuis pour sa poursuite d'études. Bien que la tendance soit aujourd'hui de remplacer bon nombre d'épreuves finales par du contrôle continu. De cette façon, le ministère réalise au moins de belles économies en réduisant la charge organisationnelle et financière des épreuves finales. Qu'en est-il ensuite de la valeur du diplôme ? Les avis sont partagés. C'est la suppression ou l'allègement d'un examen final, très formel, plus rigoureux, qui peut déranger. Un contrôle continu en lui-même n'est pas contestable, sauf que sous la forme choisie pour le nouveau bac, il met une pression supplémentaire pas forcément nécessaire pour l'élève. Une trop forte dose de contrôle continu peut aussi démotiver l'élève si celui-ci se plante dès les premières évaluations.

Si le remplacement de la classe traditionnelle par de l'enseignement de style "guidé" n'est pas envisageable à court ou moyen terme, rien n'interdit une expérimentation à une petite échelle sur une ou deux matières autour d'équipes volontaires dans quelques collèges ou lycées, pas nécessairement sur une même zone géographique, et de l'étendre à d'autres matières en fonction des premiers résultats. Avec une autre volonté, et de taille, celle des pouvoirs publics. Car essayer cette méthode demanderait d'abord de produire les outils numériques spécifiques et de les installer autour d'un serveur commun, ensuite d'en gérer l'exploitation, les obligeant à débloquer un budget tout de même assez conséquent. Ce serait, certes, en grande partie l'œuvre des enseignants, mais il faudrait mobiliser des informaticiens et investir dans du nouveau matériel, entre autres.

Bien entendu, ceux qui ne veulent que de l'humain partout seront opposés à de telles tentatives.

Concevoir des outils spécifiques ne fait peur à personne quand on veut bien libérer des moyens. Il suffit de regarder l'argent dingue mis par les régions, quand elles étaient plus nombreuses avant la réforme Valls, pour développer et gérer, chacune de leur côté, un Espace Numérique de Travail pour les lycées. Pour ceux qui l'ignorent, un ENT est un endroit virtuel pour accéder à distance à une multitude de ressources scolaires et pédagogiques, destiné aux enseignants, aux élèves et aux parents. Car les régions s'occupent de l'informatique des lycées, tout comme des bâtiments, de la cantine,... Pareil pour les départements qui ont à leur charge les collèges. Ainsi, au lieu de fédérer les moyens pour n'avoir qu'un seul ENT de Strasbourg à Bayonne, on en a développé partout, différents les uns des autres même si leurs fonctionnalités étaient assez proches, comme si l'éducation n'était pas nationale. Des ENTs dont certains, un peu trop usines à gaz, n'ont guère incité à s'en servir. Ah mais j'avais oublié, nous devons faire de la décentralisation ! J'ai été référent informatique dans un lycée pendant deux ans ; j'ai pu observer cette question des ENTs de près.

D'ailleurs, entre un ENT et un enseignement "guidé", il n'y aurait pas un fossé immense, sauf que le second donnerait un autre sens à l'école, tandis que l'ENT est uniquement un complément pédagogique et un outil de liaison.

Dans le cadre d'une expérimentation, pour démontrer tout l'intérêt d'une méthode "guidée", il faudrait n'exclure aucune de ses composantes. Sinon, rien ne serait vérifiable à la fin. Trop de fois, dans le secteur public, pas spécialement dans l'Education mais en général, des expériences sont limitées à une partie de ce qui était prévu initialement ou sont intentionnellement faussées, soit à cause de la pression des uns qui veulent la simplifier, soit parce que le budget était insuffisant. Ce qui ne permet pas vraiment de conclure quand on arrive à l'échéance du projet, et on obtient un truc finalement inutile ou peu utile qui a coûté fort cher quand même à la collectivité.

Il importe aussi que soient évalués les risques et les dangers, pas seulement les avantages.

Mais dans tout projet, le préalable est de fixer les objectifs. Car on ne pourrait mesurer les résultats que sur des buts à atteindre clairement définis. J'en citerais trois : le premier, que chaque élève évolue à son rythme et bénéficie d'un suivi humain individualisé ou dans un tout petit groupe autour d'une table ronde pour des explications supplémentaires, pour revoir des exercices, faire des bilans ; le second objectif, remplacer cette classe passive où les élèves sont regroupés face au professeur, tentés de chahuter et de s'absenter, par un enseignement actif où chaque élève est responsable de sa progression supervisée par le processeur qui ne valide le parcours que lorsque tous les points d'un programme défini à l'avance ont été traités ; le troisième, rendre le travail du professeur plus confortable en passant moins de temps à faire de la discipline, en réduisant fortement ou en supprimant la présentation de la leçon au profit de cours enregistrés ou d'animations que l'élève revisionne autant qu'il le souhaite, et en éliminant certaines tâches fastidieuses telles que les corrections puisque la machine peut se charger d'une partie de celles-ci.

Car je rappelle que l'idée de la méthode n'est pas de rajouter un peu plus d'informatique où il y en a déjà, mais de changer la façon d'apprendre en profitant de l'existence de moyens modernes et puissants.

Des cours présentés exclusivement par de la vidéo enlèveraient certes la participation orale des élèves pendant la leçon, tous ces doigts qui se lèvent... ou qui ne se lèvent pas, participation si chère aux inspecteurs. Elle a son utilité dans le modèle éducatif actuel, quoiqu'elle est très inégale, mais ne s'éteindrait pas pour autant avec une autre forme d'enseignement. Elle se ferait différemment. Apprendre à s'exprimer à l'oral devant un groupe fait partie de la formation initiale. Tout individu doit être entraîné à cette forme d'expression sans quoi, évidemment, il risque plus tard être en difficulté lorsqu'il sera amené à le faire.

Avec une méthode "guidée", les classes, qui permettent de répartir tous les élèves d'un niveau en plusieurs entités quasi identiques, pourraient disparaître puisque l'élève serait directement rattaché au professeur pour une matière déterminée. On ne parlerait plus des classes surchargées ! On aurait au plus des groupes, différents selon les matières traitées. Cela n'empêcherait pas de réunir de temps à autre les élèves d'un même niveau en une sorte d'assemblée plénière, où certains d'entre eux présenteraient par exemple un exposé.

On pourrait aussi ne plus ranger autant les élèves par sections pour l'accès à des diplômes par séries, mais rendre la formation plus modulable, comme on vient de le faire pour les bacs généraux. Cela dit, on rend moins lisible la formation de chacun. Il était plus facile jusque là de distinguer un scientifique d'un littéraire, parce que l'un avait un bac scientifique, l'autre un bac littéraire. Désormais, il faudra voir parmi les modules choisis, quel élève est plutôt scientifique et quel autre est plutôt littéraire. Mais je préfère de loin ce nouveau bac avec un contenu plus ouvert.

La machine ne remplacera jamais complètement l'homme, d'abord parce qu'elle est là pour lui, donc il reste bien présent. Elle est là afin de lui apporter des services, lui simplifier la vie. Lui compliquer, c'est vrai aussi ! En l'occurrence, ici, c'est de rendre possible ce qui ne l'était pas avant.

Elle ne se limiterait pas à diffuser du cours, comme on en trouve d'ailleurs à foison aujourd'hui sur Internet, de bonne ou de moins bonne qualité, avec en particulier les MOOC pour 'Massive Open Online Course', ou en français 'cours en ligne ouverts à tous', le gouvernement s'étant même en partie impliqué sur certains projets. Un enseignement "guidé" ne doit surtout pas se réduire à du MOOC, sans quoi ce n'est plus de l'enseignement.

Elle serait là aussi pour contrôler les acquis des élèves et pouvoir les interroger bien plus souvent, pour corriger et noter automatiquement puis intégrer la note dans le bulletin scolaire, pour assurer un suivi tout au long du cursus. C'est en l'évaluant plus fréquemment qu'un élève se rend compte qu'il progresse, tout comme les adultes qui l'encadrent. Une machine ne saurait pas tout corriger : si elle sait le faire pour des questions à choix multiples, elle n'en est pas capable pour une dissertation ou pour des questions qui demandent de la rédaction. Par contre, un élève pourrait très bien saisir et enregistrer un devoir que le professeur corrigerait et noterait à l'écran. Idem pour les questions qui demandent un peu de rédaction. La crainte de la triche étant le trouble obsessionnel le plus courant chez les enseignants, ce dernier penserait sûrement, à juste titre, que l'élève demanderait à un camarade de répondre à des questions ou de faire un devoir à sa place. Et alors ? Il le ferait une fois, deux fois, mais très vite le camarade l'enverrait bouler. Puis cela fait partie de l'entraide et de la collaboration, facteurs de réussite ; les adultes en font autant dans la vie active. La machine pourrait aussi très vite, par des algorithmes, repérer des devoirs identiques ou quasi identiques saisis par les élèves, limitant ainsi le copiage. D'autre part, cette même 'machine', un mot qui fait si peur à certains, offrirait la possibilité de poser des questions différentes aux élèves par une distribution au hasard, c'est à dire à partir d'une infinité de questions stockées dans une banque de données enrichie au fil du temps, parmi lesquelles le hasard en sélectionnerait quelques unes. Tout est affaire de codage et de paramétrage ! Par conséquent, sur un même chapitre, aucune interro ne serait semblable à une autre, ce qui empêcherait que les élèves, travaillant en décalé, puissent se transmettre les solutions. Avec des questions fermées, c'est à dire à choix multiples, corrigées automatiquement, ce ne serait une surcharge de travail pour personne. On pourrait même faire mieux sous une autre forme consistant à imposer à l'élève de refaire l'exercice jusqu'à ce qu'il obtienne une note suffisante, mais avec des questions nouvelles à chaque fois. « C'est horriblement vicieux », dirait-il ! Ce serait plus intelligent que d'en rester à une mauvaise note suivie d'un semblant de correction pris par l'élève et jamais relu, comme on le voit actuellement. Pour le questionnaire, le temps d'exécution pourrait être prédéfini ou bien libre. Dans le deuxième cas, ça lui en laisserait pour rechercher des réponses dans le cours, ce qui me semble le plus cohérent car aujourd'hui, il n'est plus nécessaire de tout retenir par cœur, mais de savoir se documenter.

Une fois la note rendue, l'élève recevrait en même temps le corrigé. Et tout étant mémorisé, il pourrait revenir à tout moment sur ce qu'il a fait.

Pour les évaluations de mes élèves, j'ai pratiquement toujours créé une version A et une version B, préparées sur des feuilles imprimées que je distribue. Ceci évite que ces jeunes gens assis côte à côte puissent copier entre eux. Au début de l'année, lors de la première interro, je ne les préviens pas et au bout d'une dizaine de minutes, je vois quelques têtes se lever vers moi avec un petit sourire en coin ou au contraire des traits qui se ferment. Eh oui, ils voulaient connaître les réponses du voisin, en vain ! Mais à chaque fois, c'est une double préparation et le temps de correction est rallongé. Après, il y a celui qui a mis le cours sur son téléphone portable et qui essaie d'y jeter un œil. Au moins, il lit un cours qu'il n'a peut-être pas encore lu ! Pour autant, je n'accepte pas cette triche : il y a des règles et j'ai toujours tenu à ce qu'elles soient respectées.

Utiliser un outil informatique pour interroger peut paraître abusif, en particulier si l'on pense que le professeur serait tenté de se servir du questionnaire à choix multiples au détriment de questions ouvertes et plus élaborées, compte tenu qu'avec le QCM il n'aurait pas à corriger. Cela dit, on oublie que la question à choix multiples peut être très élaborée elle aussi et demander un véritable travail à l'élève, à condition qu'il y ait un nombre suffisant de choix possibles. L'épreuve de maths pour le concours d'entrée en école d'infirmiers était, puisque ce concours disparaît à compter de 2019, sous la forme d'un QCM, et pour avoir formé des étudiants à sa préparation, je peux témoigner de la difficulté de cette épreuve.

Dans un QCM, les propositions ne se limitent pas obligatoirement à des mots ou à des valeurs ; il peut s'agir de phrases ou de paragraphes. L'inconvénient est que l'on retire l'entraînement à la rédaction qui fait partie de la formation. A contrario, ceci évite des réponses parfois incompréhensibles. Puis rien n'empêche de laisser une part de rédaction saisie au clavier ou bien, comme avant, écrite au stylo à bille sur papier quadrillé. Lorsqu'on a de la souplesse à sa disposition, on peut vraiment tout faire.

Il reste à savoir si l'élève y gagnerait en motivation, du moins pour ceux qui n'en ont guère. Probablement, si le contenu qui lui est proposé est construit en ce sens. Le gain ou le regain de motivation serait donc aussi un critère à mesurer dans le cadre d'une expérimentation.

Mais quoi qu'il en soit, quelle que soit la méthode pédagogique, pour avoir du résultat, il faut que l'élève ait de l'espoir, celui d'avoir une situation plus tard, celui d'évoluer dans sa vie, celui d'être considéré. Or l'inégalité des chances qui se creuse ne peut pas nourrir cet espoir ou pas assez.

Si l'essai était concluant et si ces techniques venaient à

s'étendre, ce sont les éditeurs de manuels scolaires qui feraient une sale mine par rapport aux centaines de tonnes de pages imprimées vendues chaque année entre les livres, dont certains ne sont parfois qu'à peine ouverts, les cahiers d'exercices, les feuillets détachables. Ils pourraient néanmoins être associés au développement de ces nouveaux moyens car ils disposent d'une expertise en matière de productions pédagogiques. Quoiqu'ils ont déjà commencé à faire évoluer leur métier puisqu'ils proposent maintenant des versions et des compléments sur supports numériques ou en ligne.

Par ailleurs, quelle que soit l'école de demain, il est impératif que le professeur garde son entière liberté en ayant la main pour décider des leçons et de la façon d'interroger, d'animer et de suivre les groupes dont il a la responsabilité, dans le respect du programme. Ce programme précis et précieux ! A croire que sans lui le monde de l'éducation serait perdu, qu'il s'effondrerait ! Avec une méthode guidée, le réseau mettrait à la disposition du professeur des moyens parmi lesquels il ferait ses courses et il en ajouterait à son tour pour en mettre à disposition des autres enseignants. C'est à dire en vue d'une véritable communauté de partage. Seuls ou en équipe, ils pourraient créer et offrir des cours d'une qualité parfaite, sans recevoir de royalties, vus ensuite des milliers de fois. Instaurer une petite concurrence entre les profs serait inédit ! Et ils se feraient remarquer sur une juste valeur par leurs supérieurs.

Il y aurait un risque, non des moindres, celui d'un flicage puisqu'un proviseur ou un inspecteur pourrait fouiller dans la base de données pour contrôler l'enseignant au détail près sur les moyens employés et sur les résultats des élèves, et éventuellement le sanctionner. Ce serait inacceptable : les profs doivent conserver leur entière indépendance et cette liberté, telles qu'elles existent actuellement. Il faudrait alors une charte qui garantisse le non accès aux données, malgré le danger, quand la méthode serait bien en place plusieurs années après, qu'une réglementation vienne casser tout ou partie de cette garantie.

Enfin, pour ce qui est de l'absentéisme, le problème ne se poserait plus de la même façon, le travail n'étant plus figé sur le même horaire pour tout le monde, mais exécuté quand l'élève le souhaiterait sur une période prédéfinie, seulement contraint par une date limite. Il ne pourrait plus s'en exempter. Il pourrait réaliser certaines tâches aussi bien dans l'établissement que depuis l'extérieur, une présence devant être maintenue toutefois, d'une part pour le suivi par les professeurs, d'autre part, pour éviter que certains jeunes perdent leurs repères avec la collectivité et n'aient plus une vie rythmée par des horaires réguliers. Certaines matières ou certains cours comme l'éducation physique ou les travaux pratiques ne peuvent de toute façon se faire à distance et imposent, eux, des horaires. Mais à une époque où pour les salariés on parle beaucoup de télétravail, les collégiens et les lycéens peuvent aussi être en droit de le revendiquer. Au moins, cela réduirait quelque peu leur temps hebdomadaire perdu dans les transports, l'encombrement des routes et la pollution. Il y a aujourd'hui trop de mobilité. Quoique le numérique crée lui aussi des dommages à la planète.

Les universités proposent de suivre certains cursus à distance en vue d'un diplôme, assortis souvent de quelques journées de présence à la fac. Cette alternative présente l'avantage de limiter entre autres les coûts liés à l'hébergement de l'étudiant dans la ville universitaire. Quoique les jeunes ne sont pas forcément attirés par la formule, contents de pouvoir s'échapper des parents après le bac et de rencontrer de nouveaux amis. Autre formule pour les études supérieures : les campus connectés, une promesse d'Emmanuel Macron. Ce sont des lieux dans des villes moyennes éloignées des grandes universités, où des étudiants peuvent préparer avec celles-ci à distance différents cursus tout en bénéficiant d'une présence humaine qui les encadre.

L'objectif est d'amener un plus grand nombre de jeunes vers des études supérieures, moins nombreux à poursuivre après le bac dans les secteurs isolés.

En tout cas, ce qui est possible à l'université ne l'est pas de la même manière au lycée ou au collège.

Il ne faudrait pas non plus que la suppression de la classe au lycée se transforme en une récréation permanente. Ceci dit, la validation incontournable du parcours par la machine ramènerait sur le chemin du travail celui qui serait tenté de s'en éloigner. Et l'humain serait toujours là pour sanctionner de mauvaises attitudes. Il serait toujours là aussi pour retoucher les exigences de la machine si celles-ci semblent trop fortes.

Il ne faut surtout pas déshumaniser l'enseignement, mais au contraire donner encore plus de place à la relation entre les individus.

De toute façon, si nous pouvons tous imaginer des solutions, on est encore loin d'une véritable transformation, celle que je présente ou une autre, le corps enseignant n'étant pas le plus grand adepte du changement. Or sans lui, rien n'est possible. Tout idée nouvelle fait toujours peur aussi à des personnes, pas spécialement dans le monde de l'éducation, ayant l'esprit trop fermé et qui la rejette systématiquement, l'idée, sans y avoir réfléchi. C'est lorsqu'une expérimentation fait ses preuves que tous ces gens finissent par accepter ce qu'ils rejetaient.

Un enseignement "guidé" n'est évidemment pas applicable en primaire et que très modérément dans les premières années du collège. Ces élèves-là ont impérativement besoin d'un encadrement humain continuel. Comme je l'ai écrit dans un chapitre précédent, le primaire est sans aucun doute le moment le plus important de la scolarité, la période où le cerveau est en plein développement, où l'on acquiert toutes les bases pour ce que l'on sera et fera plus tard. Celle aussi où l'on apprend à se socialiser. Autant ce qui n'est pas assimilé pendant les années du lycée pourra l'être ultérieurement si le vide n'est pas immense et sous réserve d'être confronté à des conditions favorables, autant dans le primaire et dès les classes maternelles, tout doit être fait pour que l'enfant n'en parte pas sans ce qui ne sera jamais rattrapable ensuite ou qui, au mieux, le sera avec de grandes difficultés. Cela implique aussi la famille, tout ne pouvant reposer sur le seul système scolaire.

Or il est démontré que l'on n'accorde pas assez d'importance à certains axes en primaire.

C'est à la République de dire ce qu'elle attend de sa jeunesse, de définir quels sont les savoirs et les manières de faire et de se comporter à transmettre aux enfants. Les parents apportent, eux, plus globalement une éducation, hélas pas toujours dans le sens de ce qu'aimerait la République. Mais la République ne peut pas tout imposer non plus, heureusement. Elle est propre à la cellule familiale, liée essentiellement à sa culture et à celle de son milieu social. L'enfant prend tout ce que l'on veut bien lui donner, ou presque, si toutefois ce n'est pas en le braquant. Et il lui sera difficile de s'en débarrasser quand il sera en âge de juger, malgré parfois un côté rebelle. Cette influence est dangereuse, pas trop chez nous, mais dans des contrées où l'on n'hésite pas à s'en servir sur les enfants pour les conditionner à une façon unique de penser et de se comporter, dans un but bien ciblé. On est conditionné nous aussi. Autrement.

En tout état de cause, tout le monde s'accorde à dire qu'il faut bien apprendre à lire, à écrire, à compter. En France, les élèves quittant le primaire ne sauraient soi-disant pas assez bien lire et n'auraient pas été correctement formés aux maths, aux sciences aussi. Je ne veux pas en douter, sans être convaincu qu'ils le soient moins qu'il y a un demi-siècle. Simplement on le remarque plus. Aujourd'hui on le mesure, ou on croit le mesurer, à l'aide d'enquêtes plus ou moins fiables, mais il est difficile de comparer avec des données qui n'étaient pas relevées à l'époque. Puis il y avait du débouché pour pratiquement tout le monde et on ne se posait pas trop de questions, alors qu'aujourd'hui on s'inquiète pour l'avenir des jeunes.

Pour ce qui est de mesurer, j'ajouterai un mot sans trop m'égarer, de colère, sur les établissements qui sont notés et classés dans la presse. Pas les écoles primaires, mais les lycées. De colère parce que j'ai vu la situation de près. Comme si on pouvait lancer une compétition entre un lycée dans un secteur socialement favorisé où les parents sont très impliqués et un autre en secteur défavorisé avec un absentéisme élevé ! On connaît d'avance le gagnant ! Je n'en dis pas plus.

Loin du primaire, à l'entrée à l'université, on constate l'existence de lacunes en augmentation constante sur des acquis élémentaires. Mais on ne peut pas comparer l'université de 1968 à celle de 2018. Ce n'était qu'une minorité qui accédait aux études supérieures, qui avait eu en général une scolarité très convenable. Je me suis moi-même rendu compte de sérieuses lacunes chez certains de mes étudiants en BTS sur des choses tout à fait basiques pour du calcul ou de la rédaction. Ce qui n'empêche pas la plupart d'avoir le diplôme ; la qualité de la rédaction n'est pas prise en compte dans de nombreuses matières. Soit ces fondements n'ont pas été bien assimilés, soit ils n'ont pas été correctement rafraîchis par la suite.

On parle énormément des difficultés en lecture à la sortie du primaire ; ce n'est pas moins inquiétant pour les maths. Cette formation insuffisante profite-elle alors à des domaines plus culturels, à la poésie, au théâtre, à des découvertes diverses, à des sorties "pédagogiques",... ? Tout doit avoir une place, mais les contenus devraient être mieux équilibrés pour privilégier ce qui semble plus prioritaire.

La découverte du monde, des arts, devrait appartenir un peu plus au temps extra-scolaire et concerner tous les âges. La télévision devrait jouer beaucoup plus ce rôle-là ; or on ne peut pas dire que les programmes qui font le plus d'audience soient d'une grande richesse dans ce domaine ! C'est au contraire la liberté la plus absolue pour bon nombre de chaînes qui sont en droit de diffuser presqu'autant de cochonneries qu'elles le souhaitent, pourvu que les grandes marques alimentent au mieux leurs tiroirs-caisses. Autrefois, dans les cinémas, avant le film, il y avait toujours les "actualités". Elles permettaient au moins d'apporter un peu de savoir, de découverte, à des personnes qui n'avaient pas la chance d'en bénéficier autrement. Aujourd'hui, c'est une forte décharge de publicité que ce public reçoit à la place dans les cinémas.

En primaire, le calcul, la logique, les sciences, les vraies pas celles auxquelles on a juste collé l'étiquette, doivent être à la portée de tous en vue qu'ils puissent repartir munis de bases solides, non seulement afin de bien savoir calculer, d'être capable d'interpréter des valeurs, de comprendre le fonctionnement de divers mécanismes, mais aussi pour acquérir plus de rigueur dans le raisonnement, pour savoir traiter un problème avec plus de méthode. Après, la société recherche-t-elle vraiment à ce que tout le monde soit à égalité sur ce plan, ou préfère-t-elle implicitement qu'il y ait des plus forts et des plus faibles pour ne pas casser le rapport entre les dominants et les dominés, entre les maîtres et ceux qui les servent, entre les chefs de file et ceux qui les suivent ? Elle a toujours fonctionné ainsi ; ce n'est sûrement pas demain qu'elle fonctionnera autrement ! Mais rien n'interdit de rétablir un peu la balance.

L'inspecteur général pour les mathématiques à l'Education Nationale, Monsieur Torossian, dans le cadre des récentes propositions pour réconcilier les français avec les maths, dit que la formation des maîtres du primaire en est la cause, avec une insuffisance dans cette matière au niveau de leur cursus. Selon un autre intervenant pour ces propositions, un mathématicien célèbre dont je tairai le nom car fortement engagé dans un parti politique, les professeurs des écoles, ex-instituteurs, auraient en majorité une formation littéraire et auraient eux-même suivi ou subi des cours de maths dans un contexte douloureux.

Trop de jeunes se plaignent de ne rien comprendre aux maths et ne voient pas ce qu'elles peuvent leur apporter au delà de la nécessité de savoir compter. Je pense que dans cet apprentissage, on va trop vite vers de la théorie, vers des règles, sans relation directe avec leur utilité. Mon niveau en maths reste modeste par rapport à celui d'un professeur de maths en titre et je ne les ai enseignées qu'accessoirement, mais j'ai constaté que lorsqu'on montre à l'élève que tel outil mathématique permet de trouver une solution à un problème concret, aussitôt il y voit un autre intérêt. Appliquer des formules sans savoir d'où elles viennent ni où elles amènent concrètement, ne peut que rendre en effet douloureux l'apprentissage des maths.

Il faut donc donner à tous les élèves du primaire le goût pour cette matière.

Par ailleurs, je trouve qu'il manque à l'école élémentaire un enseignement pratique d'une part, un enseignement au respect des règles de la République et de la citoyenneté d'autre part. Le second existe dans le cadre d'une instruction morale et civique, mais à mon sens très insuffisant et pas assez pris au sérieux. Sinon, les deux sont liés, formant un enseignement à la vie du quotidien. Cela peut paraître ridicule ou accessoire à une époque où l'on considère que l'école est un lieu pour découvrir le monde, son histoire, les sciences,..., les grandes choses quoi, un lieu pour donner aussi l'envie de se cultiver, éveiller à la curiosité, pour acquérir les bases communes qui conduiront bien plus tard au démarrage d'une carrière, et où l'on se moque presque du temps ancien quand les filles apprenaient à bien tenir un foyer et les garçons à devenir un chef de famille et un bon citoyen. Mais un savoir de proximité, un "petit" savoir pour ceux qui veulent l'opposer aux grandes choses, plus actuel et mixte, nécessaire à la qualité du quotidien, au bénéfice à la fois de soi-même et de son entourage, est tout aussi important que les "grandes" connaissances. Le temps scolaire n'est pas extensible, mais en l'optimisant et en simplifiant ou réduisant certains contenus moins indispensables, on trouverait de la place. C'est une question de volonté. Le cerveau de l'enfant est tout petit et il ne faut pas non plus vouloir tout y loger ! Mais en rendant une telle formation plus ludique, l'élève la prendrait moins comme une contrainte. Elle imposerait de mobiliser des intervenants ayant des compétences bien spécifiques, car le professeur ne les a pas toutes. A chacun son art ! C'est déjà un peu ça puisque des intervenants viennent en milieu scolaire, mais c'est très insuffisant.

Intéressons nous d'abord à l'enseignement pratique.

Dans notre monde, on voudrait que tout passe par le PIB, que nous soyons de parfaits consommateurs de biens et de services. On veut de la croissance. Il en résulte que les besoins essentiels et ceux nés d'une incitation à consommer, incitation poussée à l'extrême, ne peuvent pas tous être satisfaits, en particulier quand on ne dispose pas de gros revenus. Les fins de mois seraient moins compliquées sans devoir faire autant appels à des services extérieurs payants, pour la maison principalement. A revenu égal, ceux qui savent se débrouiller dans de nombreux domaines ressentent nettement moins ces difficultés des fins de mois ou bénéficient d'un confort que d'autres n'ont pas. Faut-il que l'on ait donné dès le jeune âge la faculté de bien se servir de ses mains, ou tout au moins donné l'envie. Celui qui très tôt voit bricoler, cuisiner ou jardiner autour de lui et qui, de temps en temps, met un peu ses petits doigts dedans aura plus de facilité pour le reproduire plus tard. Or bon nombre d'enfants n'ont pas cette chance et il ne reste que l'école pour leur donner ce qu'ils n'auront jamais autrement, à travers un programme pour tous évidemment et pas simplement dans le cadre de quelques travaux manuels comme nous en avons connus en primaire, sans but réel et dispensé au gré des désirs et des aptitudes de l'instituteur. De plus, cela pourrait déclencher des vocations pour les métiers manuels. Elles nous manquent !

Dans un enseignement pratique, il n'y a pas que le côté manuel. Savoir nager fait partie du lot : aucun enfant ne devrait quitter le cours élémentaire sans être à l'aise dans l'eau. On en est loin. Le gouvernement a récemment demandé que l'on y remédie. Attendons les résultats ! Apprendre les premiers gestes qui sauvent en fait partie aussi. Il est honteux dans notre société qu'une petite minorité de citoyens seulement sache installer une personne en PLS lorsqu'elle respire et qu'elle est inconsciente ou pratiquer la méthode de Heimlich pour extraire un objet des voies respiratoires. Ce sont des gestes simples, mais faut-il les connaître. Je les ai appris étant adulte, mais je ne suis pas certains d'être capable de bien les reproduire, alors que si j'avais été initié étant enfant, il est évident que je serais plus habile avec ces mouvements, qu'il faut revoir à intervalles réguliers pour ne pas les oublier et se perfectionner. Le massage cardiaque aussi, nous devrions savoir le faire, même si c'est un peu plus technique. Cette initiation existe dans les établissements scolaires mais elle est tellement peu approfondie et préoccupe si peu qu'elle n'est guère efficace.

Apprendre la gestion domestique, à établir un budget, comprendre un prix de revient, est utile aussi, bien que cette formation demande une maturité que n'ont pas des élèves du primaire. Nous sommes confrontés à un système commercial qui nous noie volontairement pour mieux tirer profit de nous, si bien que nous nous déconnectons des réalités de l'argent, de la valeur réelle de ce que nous achetons. A cela s'ajoute un mode de couverture sociale qui par un tiers payant généralisé nous fait ignorer le véritable coût de la santé. Les exemples sont nombreux pour illustrer cette déconnexion. Je bondis à chaque fois que dans une discussion quelqu'un calcule la charge de son déplacement automobile sur le seul prix du carburant qu'il met dans le réservoir, et le compare au tarif des transports en commun qu'il trouve élevé. Des enseignants eux-mêmes le disent, je l'ai entendu ! La part du carburant est en vérité inférieure à la moitié du prix de revient du kilomètre parcouru, mais on ne pense qu'à lui parce c'est la somme qui sort directement du portefeuille chaque fois qu'on prend la voiture. Concernant les transports en commun, combien de fois ai-je entendu, aussi, qu'avec le prix des tickets, les collectivités se faisaient un pognon dingue sur notre dos ! Alors qu'elles financent au contraire l'essentiel des réseaux, les recettes des tickets ne couvrant qu'une partie des dépenses. C'est la formation ou l'information qui est souvent en cause, pas l'individu. Et ce n'est même pas une question d'information, mais de simple observation parfois. Bien que savoir observer s'éduque aussi. Certains nous diront qu'ils s'en foutent pourvu que leurs besoins soient satisfaits. D'accord, à part qu'ils sont électeurs !

Sur la sensibilisation des gamins aux dangers du tabagisme et de l'alcoolisme, où en sommes-nous ? A ce titre, je me souviens d'un échange tendu avec le directeur d'un collège privé près de chez moi où certains de mes enfants étaient scolarisés. Dans le cadre du programme, ils recevaient de leurs professeurs une information sur les méfaits du tabac. J'approuvais cette mesure face aux lobbies, même si la force de persuasion était très inéquitable entre ces derniers et le professeur. Sauf qu'à la sortie du collège, sur le large trottoir, non loin du portail, les mêmes porteurs d'une saine parole se réunissaient en ronde pour cloper à la barbe des collégiens. J'assistais à ce spectacle chaque fois que je les récupérais, si bien que j'avais écrit au chef d'établissement pour qu'il fasse cesser cette pratique inacceptable à cet endroit choisi par les enseignants après l'interdiction de fumer à l'intérieur des établissements. Il m'avait poliment répondu que fumer était une des rares libertés individuelles qui nous restaient. Ma réplique fut immédiate pour lui expliquer qu'il ne s'agissait pas d'une liberté individuelle mais d'une dépendance collective servant les multinationales du tabac et un Etat collecteur de taxes qui tient un double langage. Je reconnais qu'il ne pouvait pas empêcher le personnel de fumer hors de ses murs, mais il abusait. Finalement, il apporta une solution : l'installation d'un cendrier fixé à la façade pour qu'il n'y ait plus de mégots sur le sol. Je l'aurais mordu ! Dix ans après, le cendrier y est encore !

Le tabagisme et l'alcoolisme sont des fléaux qu'il faut combattre par de la prévention dès le plus jeune âge. Les pouvoirs publics ont un peu baissé les bras, surtout que l'alcool fait grandement tourner l'économie. Certains prétendent, qui plus est, devant leurs enfants, ce qui n'est pas très malin, que la vie serait moins drôle sans tabac sans alcool. Mais le moins drôle, ce sont surtout les conséquences d'une dépendance qui trouve sans traîner son chemin pour se faufiler.

Au delà du tabac et de l'alcool, ou des risques que les individus prennent pour leur santé, il faudrait même une prévention plus globale pour espérer leur éviter plus tard des bêtises graves ou irréparables, expliquer clairement dès le jeune âge les conséquences de certaines erreurs, de certains actes, montrer que les punitions, ce n'est pas qu'à l'école. Et que celles données lorsque l'on est adulte sont souvent beaucoup plus lourdes. Montrer les dangers, les pièges. Ils sont nombreux, passé l'adolescence, à ne pas en prendre vraiment conscience pour la simple raison qu'on ne leur a pas dit suffisamment ou pas dit assez tôt. Il y aura toujours les difficultés sociales ou familiales pour accorder des circonstances atténuantes qui limiteront les sanctions, mais on ne peut pas tout tolérer. Elle a parfois bon dos la tolérance. On n'a pas le droit non plus d'être permissif, de rendre des actes acceptables, sous prétexte que... Beaucoup de grosses bêtises d'adultes pourraient être évitées si l'on avait informé quand il le fallait du rapport entre certains actes et ce à quoi on peut s'attendre après. Un jour, un élève de seconde dans laquelle j'accusais l'un d'eux, sans savoir lequel, d'avoir fouillé dans mon cartable, m'a dit « Monsieur, jamais je ne me serais permis de fouiller dans vos affaires parce que j'ai été éduqué par mes parents ». L'acte n'était pas méchant, un élève avait récupéré un document que j'avais confisqué. Mais cela prouve que des jeunes à qui on a appris où se situait la limite à ne pas dépasser, retiennent la leçon, même si des accidents de parcours ne sont pas exclus. C'est d'abord aux parents de donner les règles de la vie en société ; or si ces derniers ne le font pas ou pas correctement, l'école sera bien en peine de faire le rattrapage. Mais l'école ne peut pas pour autant s'en affranchir.

Bien sûr, il faut garder un peu de souplesse dans l'éducation. On ne peut pas sans cesse expliquer quelle est la ligne à suivre ou lister constamment les erreurs à ne pas commettre. L'insistance peut être contre-productive.

Parlons maintenant de l'enseignement des valeurs de la République, de la citoyenneté, de la morale.

Cet enseignement, qui n'est pas éloigné des points précédents, existe dès le début de l'école primaire et est inclus dans un programme officiel détaillé d'une vingtaine de pages. Toutefois, il n'est pas démontré que cet enseignement, qui a évolué et s'est élargi au cours des décennies, suite à un quasi abandon après la suppression à la fin des années soixante des bonnes vieilles leçons de morale, qui n'étaient entre autres qu'un « baratin » selon Célestin Freinet, ait apporté un changement globalement positif dans les attitudes et contre les incivilités. Le terme "morale" n'a d'ailleurs été réintroduit qu'assez récemment, durant les années 2000, en complément de ce qui n'était jusque là qu'un enseignement civique.

Le programme actuel est-il tout simplement pris avec trop de légèreté ? Il est vrai que lorsqu'on le lit, il contient beaucoup de grands mots et s'écarte un peu du concret. Les raisons pour lesquelles ces leçons de morale et de civisme s'avèrent inefficaces se trouvent peut-être aussi dans le comportement de la République qui elle-même ne se montre pas irréprochable. Faudrait-il commencer par là ! D'autres diront que la République n'est que le reflet de la société. Si tout le monde se renvoie la balle, on n'est pas près de régler la question.

L'enseignement moral et civique figure jusque dans l'emploi du temps du lycée. Or cet EMC n'a, qui plus est, plus d'intérêt : les élèves ne regardent que les matières présentes à l'examen et les profs focalisent sur ces mêmes matières, puis ce n'est plus vraiment à cet âge-là que l'on va pouvoir inculquer la morale et le civisme.

Ainsi, au risque de contrarier ceux qui attachent une grande importance à certains détails, on doit bien admettre que devant tant de priorités, apprendre la date et l'heure des grands événements du passé, le lieu exact des batailles célèbres ou le deuxième prénom des personnages les plus remarquables devient secondaire. J'exagère à peine au regard de certains contenus que l'on apprend aux gamins ! Je pourrais donner tant d'exemples que j'ai pu relever et qui parfois ne font même pas réagir les parents. Pour autant, ne dites pas que je veux entre autres reléguer l'histoire à l'arrière plan ! Elle est la trace de nos origines ainsi que notre guide pour nos choix du futur. En fait, dans l'enseignement général, qu'il soit élémentaire ou complémentaire, tout est relié en vue de faire de nous des individus complets et bien insérés dans la société, si tant est qu'on puisse dresser un portrait type des individus complets et parfaitement insérés. Ce qu'il faut surtout, c'est tenter d'apporter aux jeunes ce qui est réellement nécessaire et de façon efficace. Sans plus.

Et pour finir...

Ce livre n'avait pas pour objet d'étudier les modèles éducatifs à travers le monde, en particulier de comparer la France à d'autres pays. J'ai simplement voulu parler de ce que j'ai vécu et observé. Je glisserai néanmoins quelques mots sur ce qui se fait ailleurs.

L'instruction peut être très différente d'un pays à un autre, depuis ceux qui visent la performance et la compétition, principalement en Asie, jusqu'à ceux qui laissent à chaque individu le temps de trouver sa voie selon ses préférences et ses aptitudes.

Dans le système asiatique, basé sur une compétition permanente, avec des variantes suivant les pays, le temps scolaire est élevé, la discipline très stricte, les loisirs n'ont pas vraiment leur place, le sommeil réparateur et la pitié pas trop non plus. Les élèves n'ont pas l'air de s'en plaindre ; on ne leur en laisse pas le temps. L'esprit de compétition est très fort aussi aux Etats-Unis d'Amérique, dans un cadre plus libre. En Europe, la façon d'enseigner n'est pas partout la même. En Finlande par exemple, on mise sur le plaisir d'apprendre, essentiellement par le jeu. Les journées de classe sont courtes et on favorise l'autoévaluation plutôt que les notes et les examens, et quand il y a une note, tout est fait pour qu'elle ne soit pas vécue comme une sanction. Les élèves s'entraident plutôt que d'être en concurrence. Ils n'ont pratiquement pas de devoirs à faire à la maison ni de leçons à retenir et le redoublement est très rare. Leur système éducatif semble être une référence pour ce qui est des résultats scolaires, mais les petits finlandais ont une longueur d'avance et peuvent pour cela remercier leur langue qui leur offre une lecture et une écriture faciles à maîtriser. En Allemagne, chaque land détermine sa politique scolaire, même si l'Etat fédéral définit les grandes lignes. Si en France, les enfants acquièrent d'abord des savoirs, en Allemagne, ils doivent avant tout développer leurs talents et apprendre la vie en collectivité. Le choix de l'orientation se fait bien plus tôt que chez nous, vers dix ans. La journée de classe est plus courte, mais les vacances aussi.

Quoi qu'il en soit, les façons d'enseigner peuvent difficilement être importées vu qu'elles sont liées à la culture et aux contextes socio-économique et politique. Seules des idées peuvent être cueillies çà et là. Toutefois, la compétition gagne du terrain un peu partout, pas sur le modèle asiatique certes, ce qui favorise en même temps l'apparition de nombreux contre-courants.

Dans beaucoup de pays hélas, en particulier dans certains secteurs du continent africain, les systèmes scolaires sont très inégalitaires ou quasi-inexistants, en raison de difficultés économiques, de maladies, de conflits. Pendant que nous comparons les performances des uns par rapport aux autres, à la décimale près, certains pays n'ont tout simplement pas grand chose à comparer ou même rien.

Je crois alors avoir dit l'essentiel sur la transmission du savoir, du moins sur ce que j'ai observé depuis mes premiers pas de formateur. Je voudrais maintenant terminer ces pages par une note optimiste et par une autre qui ne l'est pas. Je commencerai par la moins bonne.

Sur une inquiétude plus précisément. Celle de voir le monde de l'entreprise se mêler à celui de l'école. Le premier est fortuné, le second n'est pas très riche, il a beaucoup de besoins et il est fragile malgré son apparence de grand gaillard. Le premier aime qu'on le prenne pour un généreux donateur et le second n'aurait pas de complexe à lui offrir une belle réception et son nom en grand si jamais il finançait quelques équipements. Le premier est rusé et pense d'abord à lui, le second serait plutôt charitable et veut surtout que chacun puisse avoir sa chance. Mais c'est déjà fait, la porte a déjà été franchie, principalement dans les domaines techniques et professionnels, et ça ira plus loin sans peine si on laisse faire. C'est dangereux parce qu'au delà de la belle réception et du nom en grand, ce sont ses méthodes et son mode de pensée que l'entreprise imposera de façon sournoise. J'ai toujours soutenu ce secteur, le côté libéral, mais chacun doit conserver sa place sans la quitter. L'école a besoin de l'entreprise pour montrer à ses élèves ce qu'elle fait et comment elle fonctionne, et l'entreprise ne peut se passer de l'école pour qu'elle lui fournisse des gens de qualité. C'est tout ! Peut-on imaginer que le fabricant de l'herbicide dont on parle tant débarque dans les établissements scolaires, ne serait-ce qu'en affichant juste son nom à l'intérieur de labos de chimie qu'il aura financés ? On en est loin, direz-vous. Mais sans aller jusque là, le problème est le même avec n'importe quelle entreprise parce que son langage n'est pas objectif, n'est pas neutre. Il peut arriver que l'entreprise soit généreuse, qu'elle ne recherche rien en retour pour son propre bénéfice, même indirect, en aidant à la réalisation d'un projet par exemple. Mais il est tellement difficile de savoir ce qu'elle a dans la tête. Rien n'interdit une ouverture entre ces deux mondes, au contraire, il faut des échanges, mais chacun doit rester chez soi sans intervenir dans ce que fait l'autre. Rien n'interdit non plus à l'entreprise de dispenser des formations, mais indépendamment de l'école. Au contraire, il serait bien qu'elle prenne plus à sa charge les formations professionnelles, aidée par l'État : c'est elle qui connaît le mieux les métiers, laissant à l'école tout ce qui est général et théorique. Mais sans vis à vis. L'entreprise représente des intérêts individuels, on ne peut nullement lui reprocher, et l'école, les intérêts de tous. Les deux intérêts sont incompatibles. Si on les marie, il n'y aura plus d'enseignement mais seulement des individus bien formés et sans doute bien formatés. J'aime l'entreprise, mais quand elle s'occupe seulement d'elle-même. Laissons le sponsoring au secteur du sport où la finance est un des muscles les plus développés !

La note optimiste sera courte, on parle toujours plus longuement de ce qui ne va pas, mais sera remplie d'espoirs. Elle concerne les enseignants qui, malgré tout le mal que l'on entend d'eux, restent sans doute la catégorie sociale la plus appréciée de la population, à égalité peut-être avec le personnel médical, parce qu'elle apporte le savoir, avec dévouement et sans chercher à retirer des bénéfices au delà de la rémunération. Maintes fois dans les transports en commun, où j'ai toujours profité d'un petit quart d'heure pour corriger quelques copies, des gens m'ont abordé pour bavarder avec moi, pour me demander quelle matière j'enseignais, pour m'interroger sur les difficultés de la profession. Alors que deux décennies plus tôt, lorsque dans les mêmes transports en commun j'étais plongé dans mes dossiers d'informatique avec des schémas et des formules bizarres qui auraient pu éveiller la curiosité, jamais personne ne s'est intéressé à moi.

Quelle que soit l'évolution du métier, rien ne fera des enseignants des gens détestés à condition de les laisser l'exercer correctement.

Edité par l'auteur Xavier FONTENEAU - xfonteneau@wanadoo.fr

prix de vente en Euros : 9,90

Dépôt légal en France mars 2020